FP教本

投資理論

目　次 contents

第1章　経済指標と金融・財政政策

第1節　経済指標

第2節　金融・財政政策と市場

第3節　マーケットの変動要因

第4節　マクロ要因の長期展望

第2章 ポートフォリオ運用

第1節 分散投資

第2節 ポートフォリオ理論

第3節 資本市場理論

第4節 ポートフォリオ・マネジメント

第3章 行動ファイナンス

第1節 ポートフォリオ理論から行動ファイナンスへ

第**4**章　投資アドバイスの基本

第3節　アドバイスの実務

第**1**章
経済指標と
金融・財政政策

第1節

経済指標

　経済政策などは、さまざまな経済指標を基に決められる。顧客から運用の相談を受けたFPもまた、経済指標を顧客へのアドバイスの判断基準の一つとしなければならない。主な経済指標の内容や意味は以下のとおりである。

❶ 景気・物価の指標

① 実質経済成長率

　経済成長率とは、一定期間内に国内の経済活動全体が生み出した付加価値の総額（国内総生産（GDP））の増加率である。

　GDPは、そのときどきの時価で金額表示した**名目GDP**と、物価変動の影響を除くためにある基準時点の物価水準で算出した**実質GDP**がある。それと同様に、名目GDPの変動が名目経済成長率であり、実質GDPの変動が実質経済成長率である。単に経済成長率という場合は、実質経済成長率を指すことが多い。

　GDPは**内閣府**が**四半期**ごとに集計する国民所得統計で最も注目される数値であり、実質経済成長率は内閣府が当該四半期の2カ月後の上旬に第一次速報値として発表している。

　国内総生産（GDP・支出側）は、消費支出として民間および政府最終消費支出、投資支出として総固定資本形成および在庫品増加、海外から国内生産物に対して行われる支出として財貨・サービスの輸出および輸入（控除項目）で構成され、そのうち**民間最終消費支出**が最も高い構成比を占めている。なお、研究開発費も付加価値を生む投資としてGDPに加算するようになっている。これに対して、国民総所得（GNI）は、国民が一定期間内に国内外から得た所得の合計額を表す。

国民総所得（GNI）

国内総生産（GDP）＋海外からの純要素所得

なお、GDPデフレーターとは、GDP統計で示される物価指数であり、名目GDPを実質GDP（物価変動の影響を受けない財やサービスの数量）で除することで求められ、内閣府から四半期ごとに公表される。他の物価指数と異なり、それ自体が直接作成されるのではなく、実質値が集計された後で求められるので、インプリシット・デフレーターと呼ばれる。例えば生産量が一定の場合、実質GDPは一定である。価格上昇が原因で名目GDPが増加した場合、GDPデフレーターは上昇する。注意が必要なのは原油等の輸入価格が上昇した場合である（輸入数量は変わらないものとする）。その場合、国内製品価格が上昇しない限り名目GDPは減少する。生産量が一定なら実質GDPは変わらない。するとGDPデフレーターが低下することになり、直感と食い違う。

②　景気動向指数

景気動向指数とは、生産、雇用などさまざまな経済活動の中から重要かつ景気に敏感な30系列（2024年1月時点）を統合した景気指標で、景気に関連するデータを総合的に見て景気が拡大、収縮、どちらに向かっているかの判断のために用いられるデータである〔図表1－1〕。後述の指数、統計、販売額等には、景気動向指数の30系列に入っているものが多数ある。内閣府が毎月調査し、翌々月上旬に速報値を発表している。

景気動向指数には、コンポジット・インデックス（CI）とディフュージョン・インデックス（DI）がある。

CIは景気に敏感な指標の量的な動きを合成した指標（採用系列はDIと同じ）であり、各指標の変化の大きさ（前回比）が指数に反映されているので、景気の強弱を読み取るのに適しているといえる。つまり、景気変動の大きさ（景気の山の高さや谷の深さ）や拡張や後退の勢いといった景気のテンポ（量感）を示し、CIが上昇しているときは景気の拡張局面、低下しているときは後退局面である。具体的には、足元の基調変化をつかみやすい3カ月後方移動平均と、足元の基調の変化が定着しつつあることを確認する7カ月後方移動平均を加味し、総合的に判断される。一致CIの動きと景気の転換点はおおむね一致する。

一方、DIは採用指標のうち改善している指標の割合のことで、景気の各経済部門への波及の度合いを示すのに適している。DIは採用系列の各月の値を3カ月前と比べた変化方向を合成して作成した指数である。景気の拡張局面では50%を上回り、景気の後退局面では50%を下回る傾向がある。

〔図表1－1〕景気動向指数の個別系列の概要（30系列）

	系列名	作成機関
先行系列（11）	最終需要財在庫率指数（逆）	経済産業省
	鉱工業生産財在庫率指数（逆）	〃
	新規求人数（除学卒）	厚生労働省
	実質機械受注（製造業）	内閣府経済社会総合研究所
		日本銀行
	新設住宅着工床面積	国土交通省
	消費者態度指数（二人以上世帯・季節調整値）	内閣府経済社会総合研究所
	日経商品指数（42種総合）	㈱日本経済新聞社
	マネーストック（M2）（前年同月比）	日本銀行
	東証株価指数	㈱東京証券取引所
	投資環境指数（製造業）	財務省
		日本相互証券㈱
	中小企業売上げ見通しDI	日本政策金融公庫
一致系列（10）	生産指数（鉱工業）	経済産業省
	鉱工業用生産財出荷指数	〃
	耐久消費財出荷指数	〃
	労働投入量指数（調査産業計）	厚生労働省
	投資財出荷指数（除輸送機械）	経済産業省
	商業販売額（小売業、前年同月比）	〃
	商業販売額（卸売業、前年同月比）	〃
	営業利益（全産業）	財務省
	有効求人倍率（除学卒）	厚生労働省
	輸出数量指数（季調値）	内閣府経済社会総合研究所
遅行系列（9）	第3次産業活動指数（対事業所サービス業）	経済産業省
	常用雇用指数（調査産業計、前年同月比）	厚生労働省
	実質法人企業設備投資（全産業、前年同月比）	財務省
		内閣府経済社会総合研究所
	家計消費支出（勤労者世帯、名目、前年同月比）	総務省統計局
	法人税収入	財務省
	完全失業率（逆）	総務省統計局
	決まって支給する給与（製造業、名目）	厚生労働省
	消費者物価指数（生鮮食品を除く総合、前年同月比）	総務省統計局
	最終需要財在庫指数	経済産業省

（※）（逆）とは「逆サイクル」のことで、上昇と下降が景気局面と反対になる。　2024年1月時点
資料：内閣府経済社会総合研究所

景気動向指数（DI）（%）

$$\frac{「増加している」指標の数 ＋ 「変わらない」指標の数 \times 0.5}{採用指標の数} \times 100$$

CI と DI には、それぞれ、景気に先行して動く先行指数（11）、景気に一致して動く一致指数（10）、景気に遅れて動く遅行指数（9）の三つの指数がある。景気の現状把握には一致指数を利用し、景気の動きを予測するには先行指数を利用し、遅行指数は事後的な確認に用いる。また、景気転換点（景気の山・谷）の判定には、一致指数を構成する個別指標ごとに統計学的手法を用いて山と谷を設定し、山から谷に向かう局面にある指標の割合を算出したヒストリカル DI が用いられる。

2008年 4 月速報より、CI が中心の公表形態に移行している。なお、景気動向指数は、2023年 5 月分速報から、CI の基準年を2015年から2020年に変更するとともに、新しい基準年に基づき遡及改訂した結果を公表することになっている。

③　日銀短観・業況判断指数

日銀短観とは、日本銀行が全国の調査対象企業の業況等の現状・先行きに関する判断や、事業計画に関する実績・予測等の企業活動全般に関する調査項目について、四半期ごとに実施する統計調査であり、当該四半期の翌月月初に発表している（12月調査のみ当月に公表）。日銀短観は、正式名称を「全国企業短期経済観測調査」といい、上場企業に資本金2,000万円以上の中堅企業・中小企業を加えた約 1 万社を対象としている。全国企業短期経済観測調査では、企業の業況や資金繰り等の判断項目と売上高や設備投資額等の定量的な計数項目のほか、企業の物価見通しについても調査されている。

日銀短観の調査結果の中で最も注目されるのが業況判断 DI である。業況判断 DI とは、調査対象企業の経営者が自社の全般的な業況について、「良い」と判断している比率が「悪い」と判断している比率をどの程度上回っているかを示す指標である。

近年の業況判断 DI は、第 1 に直近の景気循環の動きとの連関性の高さが、第 2 に企業の売上高経常利益率との相関の高さがその特徴として挙げられる。

業況判断 DI（%）

「良い」と回答した企業の割合－「悪い」と回答した企業の割合

④ 消費者態度指数（先行指数）

　消費者態度指数とは、内閣府より毎月発表される消費者の意識（消費マインド）を表す指標である。消費者に「暮らし向き」「収入の増え方」「雇用環境」「耐久消費財の買いどき判断」の4項目の今後の半年間の見通しについて、それぞれ「良くなる」（＋1点）、「やや良くなる」（＋0.75点）、「変わらない」（＋0.5点）、「やや悪くなる」（＋0.25点）、「悪くなる（0点）」の5段階評価で回答してもらい、点数を加重平均して調査項目ごとに消費者意識指標を算出し、これら4項目の指標を単純平均したものが消費者態度指数となる。指数が50以上なら「良好」と判断される。

⑤ 企業物価指数

　企業物価指数とは、企業間で取引されている商品の価格を調査対象とした物価指数で、日本銀行にて、月次で速報値と確報値が報告され、定期的に係数の遡及訂正が行われる。企業間取引といってもさまざまなレベルでの取引があるが、これらのうち、最も生産者に近い段階での取引価格から計算され、**サービス価格は含まれない**。分類編成は**国内企業物価指数、輸出物価指数、輸入物価指数**からなり、一般に消費者物価指数より半年程度先行するといわれる。また、消費者物価指数に比べて変動率が高いのが特徴である。

⑥ 消費者物価指数（遅行指数）

　消費者物価指数とは、消費者の手に渡る段階での財（モノ）、サービス価格の総合的な水準を示す指数で、**総務省が毎月発表**している。調査対象項目は一般消費者の家計支出の中で重要度が高く、かつ永続性のある商品およびサービス品目が選ばれ、品目は5年ごとに見直されている。指数計算に採用されている各品目のウェイトは総務省統計局実施の家計調査の結果等に基づいている。採用品目には、税金や社会保険料などの非消費支出や土地や有価証券などのストック価格、原油などの原材料、電気部品などの中間財、建設機械などの設備機械は含まれていない。物価動向を把握する場合は、生鮮食品を除いた指数「コアCPI」を利用するのが一般的である。

　消費者物価指数は、西暦年の末尾が0または5の年に合わせて、5年ごとに基準時を更新する「基準改定」を行っている。

　なお、消費者物価指数は、物価変動に合わせてスライドする公的年金支給額の見直しの際に、その参照値としても活用されている。

2 需給動向の指標

① 鉱工業指数

　経済産業省が毎月公表している鉱工業指数は、価格の変動を除いた量的変動を示す数量指数であり、生産指数、生産者出荷指数、生産者製品在庫指数などで構成される。なお、景気動向指数の30系列のうち8系列が鉱工業指数を構成する各種指数から採用されている。

② 実質機械受注（先行指数）

　機械メーカーが他の企業等から機械の購入の注文をどの程度受けたか（受注したか）を示すもので、内閣府がおおむね翌々月上旬に「機械受注統計」として発表している。一般的には、民間からの受注のうち電力・造船会社が臨時的に行う注文を除いた数字が用いられる（船舶・電力を除く民需ベース）。実質機械受注は、景気に先行するとされている。

③ 家計消費支出（遅行指数）

　家計消費支出とは、総務省の「家計調査報告」の1項目で、家計が1カ月間にどの程度の消費を行ったかを示す指標である。家計がどれだけの消費を行うかは、経済全体の動きを見るうえできわめて重要なデータといえる。経済成長率の内容を分析すると、その6割弱程度が家計消費に依存しており、経済成長率に対して大きな影響力をもつ。

④ 新設住宅着工床面積（先行指数）

　住宅投資動向を示す代表的な指標である。同じような指標に「新設住宅着工戸数」があり、こちらは毎月、国土交通省が公表している。景気動向指数の先行系列に採用されている。

⑤ 耐久消費財出荷指数（一致指数）

　耐用年数1年以上の高額品消費財の出荷量を示す。この出荷量指数が大きくなるときは、景気拡大を示す。景気動向指数の一致系列に採用されている。

3 雇用の指標など

① 労働力調査

　労働力調査は、就業・不就業の状況を把握するため、一定の統計上の抽出方法に基づき選定された世帯を対象に総務省が毎月調査している。結果は、労働力人口や完全失業率などの結果を毎月公表する基本統計と、転職者数や失業期間などの結果を四半期ごとに公表

する詳細統計に分かれている。

② 完全失業率（遅行指数）

完全失業率は、**労働力人口**に占める**完全失業者**の割合を示すもので、**総務省**が**毎月末前**後に「**労働力調査**」として発表している。労働力人口とは、15歳以上の人口のうち「**就業者**」と「**完全失業者**」を合わせたものであり、完全失業者とは、（ a ）仕事がなくて調査週間中（毎月の最後の1週間）に少しも仕事をしなかった（就業者ではない）、（ b ）仕事があればすぐ就くことができる、（ c ）調査週間中に仕事を探す活動や事業を始める準備をしていた（過去の求職活動の結果を待っている場合を含む）の**三つの条件**を満たす者である。

③ 有効求人倍率（一致指数）

有効求人倍率は、**求人数**を**求職者数**で割ることによって求められ、厚生労働省が「**職業安定業務統計**」により**毎月**集計・公表している。景気動向指数の一致系列に採用されている**有効求人倍率**は、月間有効求人数と月間有効求職者を基に算出される。なお、職業安定業務統計は公共職業安定所（ハローワーク）を通じた求人・求職情報を利用するため、求人情報誌等の求人情報は含まれない。

❹ 金融の指標

① マネーストック統計（先行指数）

マネーストック統計とは、「金融部門から経済全体に供給されている通貨の総量」を示す統計で、日本銀行が毎月公表している。具体的には、一般法人、個人、地方公共団体などの通貨保有主体（＝金融機関や中央政府以外の経済主体）が保有する通貨量の残高を集計している。通貨（マネー）としてどのような金融商品を含めるかについては、一義的に決まっているわけではないが、日本の場合、対象とする通貨の範囲に応じて、M1、M2、M3、広義流動性といった四つの指標を作成・公表している〔**図表1−2**〕。

従来のマネーサプライ統計では、M2＋CD（譲渡性預金）が中心統計とされてきたが、現金通貨と預金取扱機関の預金の合計である M3 がマネーストック統計においては中心統計になっている。なお、M2は景気動向指数の先行系列に採用されている。

② 貸出約定平均金利

国内銀行（ゆうちょ銀行等を除く）および信用金庫における約定時の貸出金利を集計したもので、「**新規**」「**ストック**」の2種類の計表があり、日本銀行が毎月発表している。銀

〔図表1-2〕マネーストック統計の各種指標

M1	対象金融機関：M2対象金融機関、ゆうちょ銀行、その他金融機関（全国信用協同組合連 （全預金取扱機関）　合会、信用組合、労働金庫連合会、労働金庫、信用農業協同組合連合会、 　農業協同組合、信用漁業協同組合連合会、漁業協同組合） M1＝現金通貨＋預金通貨 　現金通貨：銀行券発行高＋貨幣流通高 　預金通貨：要求払預金（当座、普通、貯蓄、通知、別段、納税準備）－調査対象金融機 　　関の保有小切手・手形
M2	対象金融機関：日本銀行、国内銀行（ゆうちょ銀行を除く）、外国銀行在日支店、信金中央 　金庫、信用金庫、農林中央金庫、商工組合中央金庫 M2^{（※）}＝現金通貨＋国内銀行等に預けられた預金
M3	対象金融機関：M1と同じ M3＝M1＋準通貨＋CD（譲渡性預金） 　準通貨：定期預金＋据置貯金＋定期積金＋外貨預金
広義流動性	対象機関：M3対象金融機関、国内銀行信託勘定、中央政府、保険会社等、外債発行機関 広義流動性＝M3＋金銭の信託＋投資信託＋金融債＋銀行発行普通社債＋金融機関発行 　CP＋国債＋外債

（※）M2は金融商品の範囲はM3と同様であるが、現金の預入先が限定されている。
資料：日本銀行ホームページ

行の企業などに対する貸出金利は、民間の資金需要を端的に反映するという性格をもつ。景気拡大期には「資金需要増大」→「貸出金利上昇」というメカニズムが働く。

⑤ 海外の指標

① ISM製造業景況指数

　全米供給管理協会（ISM：Institute for Supply Management）が算出する製造業の景況感を示す指標の一つ。米国の主要な指標の中で最も早い毎月第1営業日に発表される。製造業の購買・供給管理責任者を対象とした企業の景況感を反映した指標であり、一般に50％を上回ると景気拡大、50％を下回ると景気後退と判断される。

② 米国雇用統計

　米国労働省が毎月発表する米国の雇用情勢を調べた経済指標である。全米の企業や政府機関等に対してサンプル調査を行い、非農業部門就業者数や失業率等の統計が発表される。雇用情勢の推移は個人所得や個人消費などにも関係し、FOMC（連邦公開市場委員会）の金融政策の決定にも大きな影響を与えるといわれている。

③ 米国住宅着工件数

住宅着工件数は毎月発表される経済指標である。米国雇用統計とともに、アメリカ経済の先行きを予測するのに欠かせない重要な経済指標とされている。

④ S&Pケース・シラー住宅価格指数（CSI）

全米の主要都市圏における一戸建て住宅の再販価格を基に算出した米国の住宅価格指数である。スタンダード＆プアーズ（S&P）社が公表している。米国内の住宅価格動向を示す最も一般的な指数の一つであり、米国の景気指標としても重視されている。

⑤ バルチック海運指数（BDI）

英国・ロンドンに所在するバルチック海運取引所が発表する外航不定期船の運賃指数である。基準となる1985年1月4日を1,000として算定しており、海運株は同指数との連動性が高いといわれている。

⑥ ボラティリティ・インデックス（VIX指数）

S&P500種株価指数を対象とするオプション取引のボラティリティ（変動幅）を基に算出・公表されている。ボラティリティ・インデックスは「恐怖指数」とも呼ばれ、ボラティリティ・インデックスが高いほど、投資家は株価の先行きに対し不透明感を持っていることを意味する。東京証券取引所にも日経平均VI先物が上場されている。

一般に、ボラティリティ・インデックスが跳ね上がると、株式市場は急落する。

❻ その他の指標

・ジニ係数

主に社会における所得分配の均等度を測る指標であり、係数の範囲は0から1の値をとる。係数の値が0に近いほど格差が少ない状態（0は完全な「平等」、すなわち皆同じ所得を得ている状態）、1に近いほど格差が大きい状態であることを示している。

❼ 国際収支統計

国際収支統計は、一定の期間における居住者と非居住者との間で行われた対外経済取引を体系的に記録した統計で、財務省と日本銀行が共同で公表している〔図表1－3〕。

〔図表1－3〕 国際収支関連統計

経常収支	1.A 貿易・サービス収支	1.A.a 貿易収支	製品・商品の輸出入
		1.A.b サービス収支	輸送、金融、通信・情報サービス等
	1.B 第一次所得収支	1.B.1 雇用者報酬	出稼ぎ労働者の給与
		1.B.2 所得収支	企業間の配当金、利子
		1.B.3 その他	貸付・借入、預金等に係る利子
	1.C 第二次所得収支		国際機関への拠出金 海外留学している子への送金
資本移転等収支	2.A 資本移転		無償ダム建設、債務免除
	2.B 非金融非生産資産の取得処分		
金融収支	3.A 直接投資		海外に工場を建設する等
	3.B 証券投資		外国株式・債券を購入する
	3.C 金融派生商品		
	3.D その他投資		
	3.E 外貨準備		政府および中央銀行の管理下にある利用可能な対外資産のこと。日本の外貨準備高のほとんどは米国債

出所：『日本銀行「国際収支関連統計（IMF 国際収支マニュアル第5版ベース）」の解説』から作成

実務上のポイント

- GDP を支出側から見ると、民間最終消費支出の構成比が最も高い。
- 内閣府が公表する景気動向指数は、景気に先行して動く「先行系列（11系列）」、景気と一致して動く「一致系列（10系列）」、景気に遅れて動く「遅行系列（9系列）」の30系列について、それぞれの系列内で CI と DI を出している。
- 総務省が公表する消費者物価指数は、全国の世帯が購入している財、サービス価格の動向を表す指数。非消費支出やストック価格は調査品目に含まれていない。遅行系列に採用。
- 総務省が公表する完全失業率は、労働力人口に占める完全失業者数の割合であり、遅行系列に採用。
- 日本銀行が公表するマネーストック統計は、金融機関や中央政府以外の通貨保有主体が保有する通貨の総量を表す統計であり、M2が先行系列に採用。

第2節

金融・財政政策と市場

① 金融政策が市場に与える影響

(1) 金融政策

金融政策の最も代表的な手段は、オペレーション（公開市場操作）である。日本銀行は、資金供給オペレーションや資金吸収オペレーションを行うことにより、金融機関同士が資金を融通し合う場である短期金融市場における資金の需給関係に影響を与え、同市場の金利（無担保コールレート〈翌日物〉）を誘導する。それが、金融機関が企業に資金を貸し出す場合の金利などに波及し、経済活動全体に金融政策の影響が及んでいく。

従来、金融政策の主な手段は、①オペレーション（公開市場操作）、②公定歩合操作、③預金準備率操作の三つに整理されることが一般的であったが、2015年4月以降、日本銀行の金融政策は、資金供給量の指標であるマネタリーベース（「日本銀行券発行高」「貨幣流通高」「日本銀行当座預金」の合計値）を政策目標に定め、日本銀行の長期国債の購入によりこれを実現することが中心となっている。

なお、量的・質的金融緩和の推進のため、日本銀行が保有する長期国債の残高を銀行券発行残高以下とする、いわゆる「銀行券ルール」は一時停止されている。

また、2016年1月に、各金融機関が日本銀行に預ける当座預金の一部に「マイナス金利」が適用される政策の導入が決定された。今後、日本銀行は「量的緩和、質的緩和、マイナス金利」の三次元での金融緩和措置を講じるとしている。さらに、2016年9月には、「長短金利操作付き量的・質的金融緩和」の導入が決定された。これは、長短金利の操作を行う「イールドカーブ・コントロール」と消費者物価上昇率の実績値が安定的に2％の物価安定の目標を超えるまで、マネタリーベースの拡大方針を継続する「オーバーシュート型コミットメント」を行うものである。

2019年10月には、「日本銀行は、政策金利については、『物価安定の目標』に向けたモメ

ンタムが損なわれるおそれに注意が必要な間、現在の長短金利の水準、または、それを下回る水準で推移することを想定している」とフォワードガイダンスを修正した。2020年4月には長期金利の操作方針について「10年物国債金利がゼロ％程度で推移するよう、上限を設けず必要な金額の長期国債の買入れを行う」と表明した。

また、2022年12月には、これまでの10年物国債金利の変動許容幅0％±0.25％を0％±0.5％に広げる、実質的な金利引き上げに転じた。さらに、2023年7月には、これまで「0.5％程度」としてきた長期金利の変動幅の上限について「0.5％程度をめど」とし、より柔軟に運用することを決定した。これにより市場の動向に応じて長期金利が0.5％を超えることも容認するかたちとなり、10年物国債金利について1％の利回りでの金融市場調節を行うとした。

なお、金融政策は、原則として年に8回ある金融政策決定会合で政策委員による多数決によって方針を決定している。財務大臣および経済財政政策担当大臣等は、必要に応じて日本銀行の金融政策決定会合に出席し、意見を述べることや議案を提出することができる。

(2) インターバンク市場とオープン市場

短期金融市場とは、期間1年以内の資金取引が行われる市場を総称する用語である。短期金融市場には、取引参加者として金融機関しか認めない**インターバンク市場**と、それ以外に広く事業会社、地方公共団体、個人等にも開放された**オープン市場**がある〔**図表1－4**〕。

インターバンク市場は金融機関が互いに短期資金の貸借を行うことを通じて、資金の過不足を調整する機能を担っている。

インターバンク市場で最も多くの取引が行われるのは**コール市場**である。なかでも1日

〔図表1－4〕金融市場の分類

金融市場	短期金融市場	インターバンク市場	コ ー ル 市 場 手 形 市 場
		オープン市場	Ｃ Ｄ 市 場 Ｃ Ｐ 市 場 国庫短期証券市場 債券現先市場 債券レポ市場
	長期金融市場	株式市場	
		公社債市場	

限りの取引である翌日物取引でつく金利は**無担保コール翌日物金利**と呼ばれ、短期金利の指標的存在となっている。

　一方、オープン市場で行われる資金取引としては、CD（譲渡性預金）、CP（コマーシャル・ペーパー）、T-Bill（または TDB、国庫短期証券）などがある。

①　無担保コール翌日物金利

　無担保コール翌日物は、オーバーナイト物とも呼ばれる。

　資金調達者側から見ると「コールマネーを取り入れる」、資金運用者側から見ると「コールローンの放出」という。前者を（資金の）取り手、後者を（資金の）出し手と呼ぶ。無担保コール翌日物金利は、日本銀行が最もコントロールしやすい金利であり、日本銀行は日常的に手形買いオペや TB（割引短期国債）売りオペといった市場調整を行っている。金融市場の資金の繁閑をコントロールすることを通じて、マネーストックをコントロールすることがその目的とされている。

②　CD 3 カ月物金利

　市場参加者に制限がないオープン市場での指標的な存在が、CD（譲渡性預金）3 カ月物金利である。譲渡性預金は、その名のとおり、満期以前でも預金証書の保有者（預金者）が、そのときどきの金利に応じてその証書を譲渡することができるものである。法人企業に対しても発行されるが、現実にはそのほとんどは銀行や証券会社などの流通業者が買い付ける。

　3 カ月物が指標になるのは、最も発行量が多いためであり、新聞等で報道される新発の出合いレートと気配レートが重要である。出合いレートは、実際にその日に発行実績があった場合に示される。ただし、出合いレートが付かない日が続くことも珍しくない。この場合には気配レートでその水準の方向性を判断する。

③　TIBOR（東京銀行間取引金利）

　全国銀行協会は1995年11月から TIBOR を集計、公表している。これは、主要金融機関が提示したコール調達希望金利を基に算出したものであり、期間は 1 週間から 1 年まである。最近では CD 3 カ月レートに代えて利用頻度が高くなってきている。

(3) 海外金利

①　米フェデラルファンドレート（Federal funds rate）

　米国の商業銀行が資金の過不足を調整するために用いている短期金融市場で成立した金利。日本のコールレートに相当する。FRB（米連邦準備制度）が市場金利をコントロールするための金利誘導目標の対象としている。

② 米財務省短期証券（Treasury Bills）3カ月レート（T-Bills)

米国の短期金利のうち最も重要な金利。FRB（米連邦準備制度）が行う金融政策の方向性を敏感に反映する。米財務省短期証券は期間1年以下で発行されるが、そのなかでも中心になる3カ月物は、毎週月曜日に入札方式で発行される。

❷ 財政政策が市場に与える影響

財政政策の基本となる予算規模の前年度比の増減率は、マーケットに対して大きな影響を与える。

予算規模の拡大は一般に公的資産形成につながる公共事業費（公的需要）の増大を意味することが多く、これは企業業績の上ブレを予測させる。したがって、株価に対しては一時的に上昇要因として働くことが多い。逆に緊縮気味の予算が策定されたときは、公的需要が乏しいことを意味し、これは直ちに民間企業への発注が減退することを予測させるため、株式市場全体に対しては下げ要因として働くのが一般的である。

歳入不足を埋めるために発行される国債の発行額もマーケットに影響を与える。国債の発行額が増えるということは、「国債の供給増加」→「国債など債券の価格下落」を予想させることが多い。また、極端に国債の発行額が増えることで民間企業などが発行する社債等の消化が円滑に進まないおそれがあり、企業の資金調達に不安を抱かせ、企業収益に対する懸念から株式相場を下げる方向で影響力を与えることがある。

第3節

マーケットの変動要因

① 金利の変動要因

　金利の主な変動要因には、金融ニーズの需給関係と金融当局による金融政策がある。

(1) 金利と景気の関係

　一般的に、景気が好転すると金利は上昇し、逆に景気が低迷すると金利は低下傾向をたどる〔図表1−5〕。これは、景気の繁閑とお金に対する需要が比例する関係にあるためである。例えば景気が好転すれば、個人はどんどん物を買うようになり、企業は消費に追いつくためにどんどん新しい物を作ろうとすることで、新たな設備投資を行うことになり、その結果、社債発行や銀行からの借入れなどによって、必要資金を調達することになる。

　一方、個人にとっても景気の好転により、収入が増え、購入意欲は高まり、自動車の買替えやマイホームの購入など大型の消費需要が喚起される。こうした高額商品の購入には、多くの場合、銀行などから資金の借入れが必要になる。このように、景気の好転が個人・法人のお金に対する需要を高めるため、金利は徐々に上昇傾向をたどることになる。逆に、景気が後退局面にあるときは、個人は少しでも無駄使いを減らそうとするため、消費は落ち込む。さらにローン負担を嫌い、借入れもしなくなる。こうして消費が落ち込んでいけば、全体的に物が売れなくなり、企業は減産体制に入り、同時に新たな設備投資も減少する。その結果、お金に対する需要が落ち込み、徐々に金利は低下傾向をたどる。

(2) 金利と物価の関係

　一般的に、物価が上昇すれば金利は上昇し、逆に物価が低下すれば金利も低下傾向をたどる〔図表1−6〕。

　物価上昇は、相対的にお金の価値が目減りすることを意味する。例えば、それまで1個1,000円で買えた「物」の値段が2,000円に値上りすると、同じ1万円で買える「物」の数

〔図表1-5〕金利と景気の関係

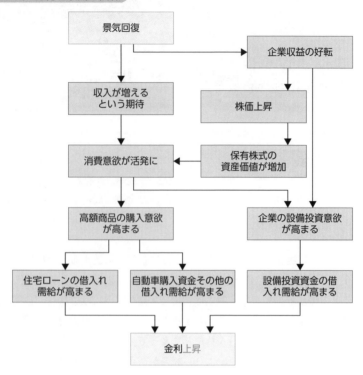

　が、10個から5個に減ってしまう。同じ金額のお金で買える物の数が減ったということは、物価に対してお金の価値が目減りしたことを意味する。

　物価が上昇する局面では、個人は価格が上昇する前に物を購入しようとするため、これが借入れ需要の増大につながり、金利が上昇することになる。

　一方、日本銀行は、物価が大きく上昇しそうになると、物価の上昇圧力を後退させるため、金利を引き上げる政策を実施する。

(3) 金利と為替相場の関係

　一般に、円安ドル高が進むと金利は上昇傾向をたどる〔図表1-7〕。まず為替相場が物価に及ぼす影響を見ると、日本のように海外から原材料や食糧あるいは原油などを輸入している国は、為替相場の変動が国内の物価に大きな影響を及ぼす。多くの場合、輸出入に用いられる通貨は米ドルであるため、円安ドル高が進むと、輸入品の円建て価格は上昇

〔図表1-6〕金利と物価の関係

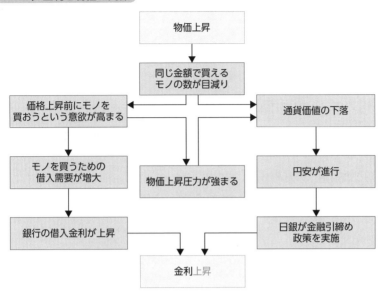

〔図表1-7〕金利と為替相場の関係

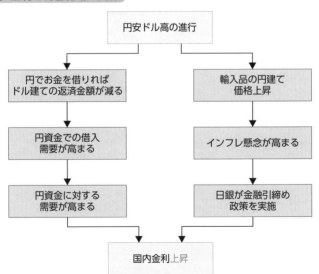

する。この物価上昇は、前述のとおり金利が上昇する要因となる。

　反対に円高ドル安が進めば金利は低下傾向をたどることになる。なお、円高ドル安が進み日本国内から海外へ資金が流出すると、日本国内に流通するお金の量が全体的に減少し、国内の資金需給バランスは徐々に需要過多になるため、いずれは金利の上昇傾向に転じることになると考えられる。

（4）金利と株価の関係

　一般的に、株価が下落すると金利は低下し、株価の上昇とともに金利は上昇する〔図表1-8〕。

　株式市場は資産運用のためだけにあるのではなく、企業の資金調達の場でもある。株式市場の取引が低迷していると、企業が株式を発行して資金を調達しようとしても、期待どおりの資金が集まらなくなり、企業の資金調達、さらには設備投資意欲に悪影響を及ぼし、金利は低下傾向をたどる。

　また、資産価値の下落が消費者心理に悪影響を与える「逆資産効果」の問題も生じる。

〔図表1-8〕金利と株価の関係

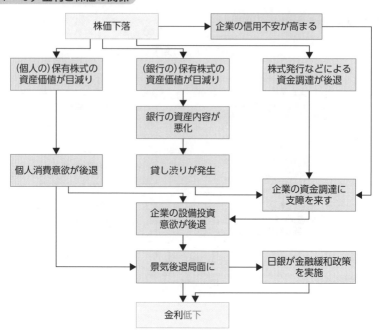

株価が下落すると、株式を保有する投資家の資産価値は目減りし、株式の値上り益を見込んで消費に回っていた資金が減少し、消費は後退し、金利は低下してしまう。

❷ 為替の変動要因

一般的に、為替相場の変動要因には、経常収支、景気、金利、物価の四つが考えられる。

(1) 為替相場と経常収支（国際収支）の関係

経常収支は、諸外国との間で行う物やサービスの輸出入を金額ベースで表示したものである。輸入額に比べて輸出額が多ければ、経常収支の黒字額は増え、逆に輸入額が輸出額を上回ると、経常収支の赤字額が積み上げられる。経常収支の黒字額が増えると円高ドル安が進みやすくなり、逆に経常収支の黒字額が減少するか赤字額が増加すると、円安ドル高が進みやすくなる関係にある。

(2) 為替相場と景気の関係

一般的に、為替相場と景気の関係は、景気が好転すると円高ドル安が進みやすくなり、逆に景気が低迷すると円安ドル高が進みやすくなる〔図表1－9〕。

景気が回復に向かうと、まず日本企業の株価上昇期待が高まり、海外の機関投資家などから日本への投資の動きが強まる。ところが、日本企業の株式は外貨のままでは購入できないため、円買い需要が発生する。また、景気の好転により日本国内にビジネスチャンスが広がれば、日本に進出する外国企業が増加する。外国企業がビジネス進出を目論んで日本に事務所などを設立する場合、手持ちの外貨を円に換えたうえで、さまざまな経費を支払うため、円買い需要が発生する。したがって、景気が好転すると円高になる傾向がある。

(3) 為替相場と物価の関係

一般的に、日本の物価が上昇すると円安ドル高が進みやすくなり、逆に物価が下落すると円高ドル安が進みやすくなる。これは、長期的な為替相場のトレンドを説明する際に用いられる購買力平価説に基づいた考え方である〔図表1－10〕。

購買力平価説とは、「2国間の為替レートは、各国通貨の購買力が等しくなるように決定されるものであり、さらに通貨の購買力はその国の物価水準の逆数に比例する」とする説で、「同じモノであれば、日本でも米国でも価値は同じである」という考え方に基づく

〔図表 1 － 9 〕為替相場と景気の関係

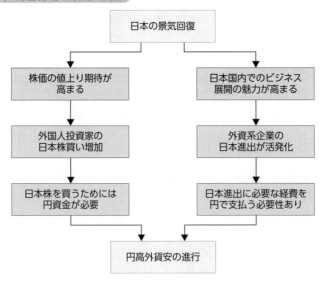

〔図表 1 －10〕購買力平価の考え方

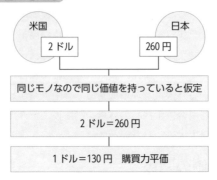

ものである。これに対して「2国間のインフレ率格差に応じて為替レートが変動する」とする相対的購買力平価説がある。相対的購買力平価説によると、インフレ率の高い国の通貨は安くなる。例えば、アメリカのインフレ率が日本よりも高ければ、為替レートはドル安、円高に向かう。

❸ 株式・債券価格の変動要因

　通常、株価はその企業業績などの影響を強く受けるが、ここでは個別銘柄の上昇・下落ではなく、株式市場全体の値動きの方向について考える。

(1) 株価と景気の関係

　一般的に、景気の好転は株価の上昇要因であり、逆に景気の低迷は株価の下落を招く。

　景気が好転すれば、企業の業績拡大が期待される。さらに、個人の収入が増え、より多くのお金が消費へと向かうため、企業業績は一層好転し、株価が上昇する。また、景気が好転して個人の生活にゆとりが出てくると、株式をはじめとするリスク資産に資金が流れやすくなり、株価を押し上げるという見方もできる。

(2) 株価と金利の関係

　一般的に、金利が上昇すると株価は下落しやすくなり、逆に金利が低下すると株価は上昇しやすくなる。例えば、金利が低下すれば株式の配当利回りの魅力が相対的に上昇し、株式投資の人気を高めることにつながる。

(3) 株価と為替相場の関係

　為替相場と（個別企業の）株価の関係は、個々の企業が輸出型企業なのか、輸入型企業なのかによって、大きく異なる。輸出型企業の場合、円安ドル高は輸出によって受け取る円ベースの販売額を増大させる要因となるため、株価上昇要因になる。輸入型企業の場合、円高ドル安が進めば、円ベースの支払金額が減少するため、原材料費が安くなり、株価上昇要因となる。

(4) 債券価格と金利の関係

　債券は償還期限まで所有していれば、発行者が破綻しない限り、必ず額面金額が戻ってくる。この点では、元本確定型の金融商品といえるが、償還までの途中で売却すると売却価格は債券の流通市場での価格となり、元本が戻るとは限らない。

　例えば、ある債券の発行体が1月に利率2％・1年物の債券Aを発行し、翌月金融情勢の変動に合わせて同じ期間の債券Bを利率3％に設定して発行した場合の債券市場での動きを考えてみる〔図表1－11〕。

〔図表1−11〕 金利変動による債券の価格変動例

	債券A	債券B
発 行 月	1月	2月
償 還 年 限	1年	1年
表 面 利 率	2%	3%
投資金額（額面100万円）	100万円	100万円
受取利子（税込み）	2万円	3万円
債券価格低下余地	99万円	—
償 還 差 益	1万円	—

（※）債券Aの利子＋償還差益と債券Bの利子を比較

　まずAよりもBのほうが有利なため、Aを売ってBを買う動きが出てくる。そうするとAの価格が低下し、大まかな計算では、額面100万円に対する償還差益が1万円になる99万円まで値下りする。これでAは償還差益を考慮すると、価格面でBと均衡するわけである。

　これと逆のケース、つまり先に発行した債券より後に発行する債券のほうが表面利率が低い場合は、先に高い表面利率で発行した債券の価格が上昇する。以上から、金利と債券価格には、「金利が上昇すると債券価格は低下する（金利が低下すると債券価格は上昇する）」関係がある。

❹ 景気動向が株式・債券・為替・物価に与える影響

（1）景気動向が株式・債券に与える影響

　景気下降期には、企業業績の悪化に伴って株価が下落することは容易に想像できるだろう。景気下降は同時に債券にも影響する。その影響は資産運用面から考えると理解しやすい。例えば、ある運用担当者が債券と株式からなるポートフォリオを構成しているとしよう。景気下降が予想される場合は、株価下落を予想して株式を売却し始める。それは同時に売却資金運用のために債券を購入することを意味する。したがって、債券価格は上昇し、代表的な債券である長期国債の価格上昇は最終利回りの下落、すなわち長期金利の低下をもたらす。債券（国債）価格が上昇（＝長期金利が低下）すると、金利低下による投資促

進や金利負担減による株価の回復が現れて一定水準に落ち着くはずである。一方、景気回復期には上記と逆のプロセスをたどる。

(2) 景気動向が為替に与える影響

　景気が為替レートに与える影響も資産運用面から考えると理解しやすい。ここでは円・米ドル間のレートを例に考えてみる。ある運用担当者が日本円と米ドルからなるポートフォリオを構成しているとしよう。日本の景気低迷が予想される時点では、円資産を売却し始める。それは同時にドル資産の比率を高めることを意味する。したがって円は下落しドルは上昇する。

　ある水準の円安ドル高まで進行すれば、円安により輸出競争力が回復し、輸出産業の業績が回復するであろう。また、日本国債の価格下落により最終利回りが上昇、運用対象としての魅力も見直されるはずである。

　一方、日本の景気回復が予想される場合、上記と逆のプロセスをたどる。

　ただし、実際の相場では、株価が景気循環よりもやや早く、金利がやや遅れて動くことが多い。また、企業活動のグローバル化が進む昨今、日本企業も国際業務部門で収益をあげるようになっており、企業業績は国内景気の変動だけでなく、海外の景気による影響も受けやすくなっている。さらに、資本市場もグローバル化の一途をたどり、投資資金の流れに国境がなくなっていることから、株式市場や債券市場がグローバルに連動性を高めており、一国のファンダメンタルズや金融政策のみで説明ができなくなっているのが現状である。

(3) 景気動向が物価に与える影響

　景気拡張局面においては、企業の生産拡大や消費活動の活発化に伴い、物価は上がりやすくなる。一方、景気後退局面においては、企業による生産材の購入意欲が減退し、物価は下がりやすくなる。

実務上のポイント

- 物価の上昇局面（インフレ）では金利が上昇し、物価の下落局面（デフレ）では金利が低下。
- 景気の拡張により株価が上昇したりすると、企業の設備投資の需要が増えたり、投資資金が債券から株式にシフトするため、金利は上昇する。景気後退により株価が下落すると金利は低下。
- 円安傾向になると輸入物価が上昇し、国内物価も上がるため、金利は上昇。円高になると国内物価は下がり、金利は低下。

第**4**節

マクロ要因の長期展望

　ライフプランは20年超の超長期計画である。したがって、経済環境や運用環境の変化も超長期を視野に入れなければならない。もちろん、超長期を予測するのは困難である。そこで過去を振り返ることで「超長期ではこれくらいの変化があった」ことを再確認することができ、将来のライフプランを考えるヒントとすることができる。超長期の視点に立てば、無意識のうちに「現状持続」を期待することの危うさに気づいたり、「短期的（2～3年）の相場変動」に一喜一憂したりすることも避けられるだろう。

❶ GDP

　わが国は、第2次世界大戦後の1955年ごろから高度経済成長が始まり、1960年には所得倍増計画が発表され、1973年まで平均約10％の経済成長を実現した。しかし、1973年の第4次中東戦争を契機に石油価格が大幅に引き上げられる第1次石油ショックが起こり、高度成長期は終焉を迎えることとなった。

　1980年代半ばにはバブル景気が始まり、1989年に日経平均が3万9,000円に迫る史上最高値を記録する。そのバブル景気も1990年代初頭には崩壊し、長い景気停滞期に入る。この時期は「物価下落と景気悪化の悪循環」というデフレ・スパイラルに陥り、「失われた10年（あるいは20年、30年）」と呼ばれた。2002年から2007年にかけては緩やかな景気拡大期間（いざなみ景気）とされていたが、実際の所得の向上が感じられず「実感なき好景気」などと呼ばれた〔図表1－12〕。

　なお、1980年を基準とした名目GDP成長率（自国通貨ベース）で欧米諸国と比較してみると、2022年までの42年間で、日本はあきらかに取り残されていることがわかる〔図表1－13〕。2023年、日本は主要国に負けず劣らず成長したが、名目GDPでドイツに抜かれ、順位を3位から4位に低下させた。

〔図表1-12〕 わが国の名目GDPの推移

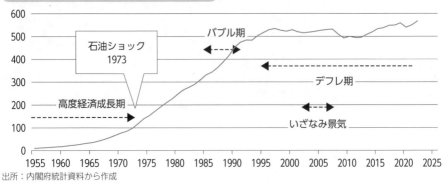

出所：内閣府統計資料から作成

〔図表1-13〕 わが国の名目GDP成長率と欧米諸国比較

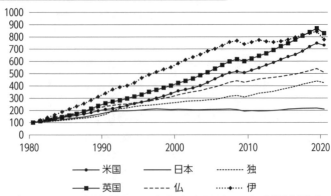

出所：International Monetary Fund, World Economic Outlook Database, April 2022より作成

❷ 株価

　1955年から1973年までの高度経済成長期は、株式市場も安定的に成長を持続してきた。既述のとおり、1973年の第1次石油ショックにより高度成長期は終焉を迎え、同時に株式市場も下落した。しかし、1980年代半ばにバブル景気が始まり、1989年に日経平均は史上最高値を記録する。その後、バブル崩壊とともに長い景気停滞期に入る〔図表1-14〕。バブル崩壊後の株価の回復遅れは米国株価と比べると明確になる。1992年を基準とした場合、米国市場は2008年のリーマン・ショックを経験しながらも2022年までの31年間で約10

〔図表1−14〕日経平均株価の推移

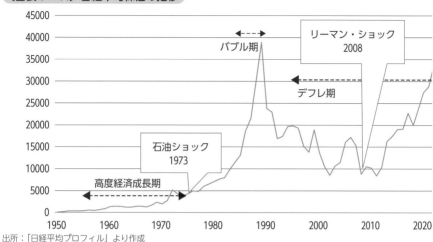

出所：「日経平均プロフィル」より作成

〔図表1−15〕日米の株価比較

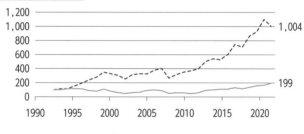

※日本は日経平均、米国はダウ工業平均に基づき1992年12月を100とする
出所：日経平均は「日経平均プロフィル」から作成

倍に成長した。一方、日本株式市場は約2倍の増加にとどまっている〔図表1−15〕。

　2022年2月、ロシアによるウクライナへの武力侵攻が始まった。欧米先進国によるロシアへの経済制裁が始まると、エネルギー危機や食糧危機が顕在化する。これまでデフレ傾向にあった経済は、一気にインフレに傾くこととなった。インフレを抑制するために欧米各国は金利引上げ政策を採用した。これにより、金利引上げによる景気減速が予想されたが、2023年は世界的に株価が上昇した1年となった。

❸ 長期金利

　長期金利とは、一般に長期国債の最終利回りを指し、市場原理による変動のほかに、日本銀行による介入（オペレーション）の影響を強く受ける。1973年の第１次石油ショックに端を発する狂乱物価を沈静化するため、高水準であった長期金利を、物価の安定が見え始めた機会を伺い引き下げた結果、1980年代半ばからバブル経済が始まった。1990年には、バブル経済抑制のための課税強化・融資総量規制などと同時に長期金利を引き上げたところ、バブル経済は崩壊するに至った。その後、日本経済がデフレ・スパイラルに陥ると、日本銀行はゼロ金利をはじめとする金融緩和政策を採用し〔図表１−16〕、その影響で長期金利は史上最低レベルまで低下する結果となった〔図表１−17〕。

　その一方で、国債発行残高は急速に膨張し、ついにはGDPの２倍を超えるに至り、世界的にも例をみないような水準となった〔図表１−18〕。市場原理に従えば、急増する国債残高は供給過剰で価格は低下（長期金利は上昇）するはずであるが、長期金利は史上最低レベル（価格が史上最高値）にある。これは日本銀行による買い支え（買いオペ）の結果ともいえる〔図表１−19〕。日本銀行の国債保有割合が10％未満であった2010年から、わずか10年程度で国債全体の約半分を保有するまでに至った事実はその証左といえよう。

〔図表１−16〕最近の日銀金融政策

1999年〜2000年　ゼロ金利政策実施
2001年　量的緩和政策開始（2006年に解除）
2010年　包括的な金融緩和政策、国債や社債等の買入れ開始
2013年　量的・質的金融緩和開始
2016年　マイナス金利付き量的・質的金融緩和
2020年　10年物ゼロ％程度を目標に長期国債の買入れ
2022年　10年物の変動許容幅を０％±0.25％程度から０％±0.5％程度へ実質的な金利引き上げ
2023年　長期金利の上限を１％をめどに見直し

〔図表1-17〕 わが国の長期国債利回り

出所：財務省「国債金利情報」から作成

〔図表1-18〕 わが国の国債残高

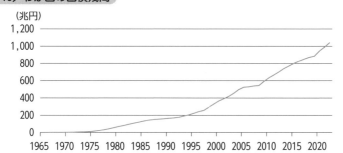

出所：国債発行額の推移（実績ベース）から作成

〔図表1-19〕 わが国の主体別国債保有割合

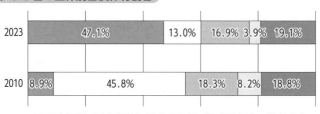

出所：2010年　財務省「22.国債及び国庫短期証券の保有者別内訳の推移」
　　　2023年　財務省「国債等の保有者別内訳（令和5年6月末（速報））」より作成

④ 為替レート

(1) 第2次世界大戦後の動き

　1944年、ブレトン・ウッズ会議により兌換紙幣（国により金との交換が保証される通貨のこと）である米ドルを基軸通貨とし、他の通貨は米ドルと固定した固定相場制を維持することを決定した（ブレトン・ウッズ体制）。当時、円はドルに対して1ドル360円の固定レートであった。

　しかし、1971年に米国がドル紙幣と金との交換を停止することを表明するに至り（ニクソンショック）、1ドル308円と固定レートが引き下げられた（ドル安円高）。その後、世界的に変動相場制へと移行することとなり、日本も1973年から変動相場制に移行することになった。

　1985年、米国は国内のインフレ対策として高金利政策をとったところ、ドル高による慢性的な貿易赤字の拡大が起こった。こういった背景を踏まえ、米国が保護主義貿易に走らないよう先進5カ国蔵相中央銀行総裁会議（G5）が開かれ、ドル安に誘導する方針が合意された（プラザ合意）。以後、長期的にドル安傾向となる〔図表1−20〕。

〔図表1−20〕ドル円レート

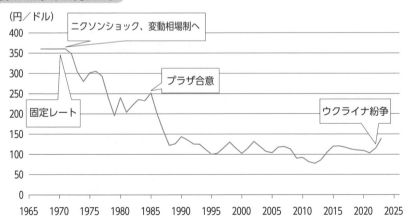

注）経済新聞等では為替レートのグラフの縦軸は「上に円高（ドル安）」をとるのが通例であるが、ここでは経済財政白書の方式「上にドル高（円安）」を採用する。白書の方式が理論的に妥当である。

出所：1966〜1972年は内閣府、1972年〜は日本銀行時系列統計データ検索サイトから作成

(2) 相対的購買力平価説

変動相場制において、為替レートの調整は市場原理に任せるのが原則である。したがって、あらゆる経済要因（金利や貿易収支、株式市場動向、景気等）が為替レートと相互に影響しあう。しかし、為替レートの長期的な水準は「2国間のインフレ率格差」だけで決まるという相対的購買力平価説が有力視されている。この説によれば相対的にインフレ率の高い国の通貨は安くなる〔図表1-21〕。

内閣府が公表する「経済財政白書」においても、しばしば為替レートの変動を相対的購買力平価説で検証している。実際に米国の長期的なインフレ率は日本よりも高かったためドル安傾向となったなどとする考えである。ただし、相対的購買力平価説は10～20年の超長期の変動を説明するもので、2～3年の短期変動を予測するものではない。

(3) 最近の動向—内外金利格差拡大によるドル高円安傾向—

2022年2月にロシア・ウクライナ紛争が始まった時期、エネルギー危機・食糧危機が顕在化し、これまでデフレ気味だった経済が、一気にインフレに傾くこととなった。このイ

〔図表1-21〕 ドル円レートの購買力平価

(1) 絶対購買力平価

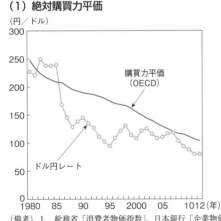

(2) 相対購買力平価

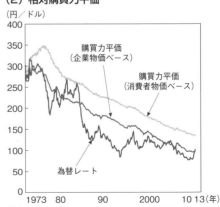

（備考） 1．総務省「消費者物価指数」、日本銀行「企業物価指数」、OECD "OECD.Stat"、U.S. Bureau of Labor Statistics "Consumer Price Index" "Producer Price Index" により内閣府作成。
2．相対購買力平価は1973年2月を基準時点とした。
3．(2) 相対購買力平価における為替レートは、日本銀行公表値を使用。

出所：平成25年度　年次経済財政報告

〔図表1－22〕 最近のドル価格の推移

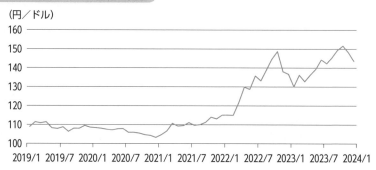

（円／ドル）

ンフレを抑制するため、欧米各国は金利引上げ政策を採用した。

　一方、日本もデフレからインフレに転じたものの、欧米ほど物価上昇率は高くはならなかった。そこで日本銀行は景気下支えを優先するため、低金利政策を持続することとした。その結果、内外金利格差が急拡大することとなり、ドル高・円安が一気に進んだ〔図表1－22〕。

❺ 物価指数

　インフレには「需要が先行して増し、供給（生産活動）が拡大し、景気が好転する」という良いインフレ（ディマンドプル・インフレ）と、「コスト増により、供給が縮小し、需要超過になる」ことで生じる悪いインフレ（コストプッシュ・インフレ）がある。1970年代までの高度成長期は、GDPの拡大を伴う良いインフレであったが、1973年の石油ショックによって生じたインフレは「狂乱物価」と呼ばれる悪いインフレであった。バブル崩壊後、デフレと景気後退が悪循環するデフレ・スパイラルに陥り、デフレ解消が金融政策の課題となった。その課題を克服すべく、日本銀行は「2％の物価安定目標」を掲げて大規模な金融緩和政策を実施した〔図表1－23〕。

　2022年2月にロシア・ウクライナ紛争が始まった時期は、エネルギー危機・食糧危機が顕在化し、これまでデフレ気味だった経済が一気にインフレに傾くこととなった。この一連のインフレは、残念ながら悪いインフレである。ただし、国内のインフレは欧米諸国ほど深刻なものではなく、今のところ日銀の金融緩和政策は維持されている。

〔図表1－23〕わが国の消費者物価指数

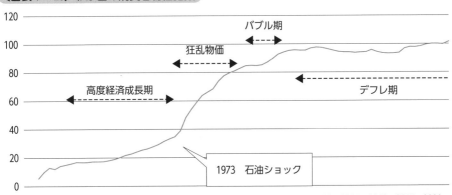

出所：政府統計の総合窓口　2020年基準消費者物価指数から作成

6 人口

　新古典派経済学の成長理論であるソロー・スワンモデルによれば、長期的な経済成長は人口増加と技術革新によってもたらされるとされる。日本の人口は2008年の約1億2,808万人をピークに減少に向かっている。人口減少の影響を補う経済成長を実現するためには絶え間ない技術革新が必要になる。国立社会保障・人口問題研究所「日本の将来推計人口（令和5年推計）」によれば、2065年時点で約8,800万人（中位推計）まで減少すると予想される〔図表1－24〕。ピーク時の2008年から比較すると57年後に約4,008万人が減少する

〔図表1－24〕わが国の総人口

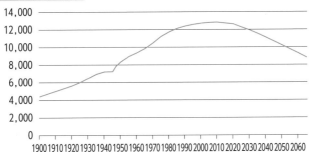

出所：国立社会保障・人口問題研究所（2025年以降は予測）より作成

計算だ。4,008万人の減少というのは2020年時点の北海道、東北、中国、四国、九州・沖縄の総人口も上回る〔図表1－25〕。

　これほど人口が減少したのは合計特殊出生率の低下が原因とされる。合計特殊出生率とは「女性が一生の間に産む子どもの数」を意味する。男性には子どもが産めないため、理屈上、人口を維持するためには最低2人を産むことが必要だ。他の先進国の多くも長期的に合計特殊出生率が2を下回っている。〔図表1－26〕には掲載されていないが、世界最大人口を有する中国も「一人っ子政策」の影響で長期的な人口減少が始まると予想されている。一方で、世界全体の人口は増加傾向にあり、2022年には80億人を突破した。人口増

〔図表1－25〕2020年時点での地方人口

北海道	523万人
東　北	861万人
中　国	726万人
四　国	370万人
九州・沖縄	1,426万人
合　計	3,906万人

出所：令和2年国勢調査より作成

〔図表1－26〕各国の合計特殊出生率の推移

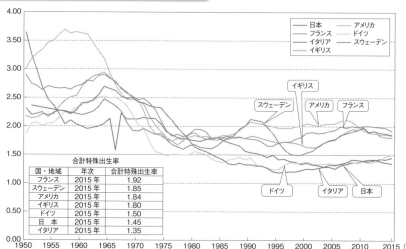

合計特殊出生率		
国・地域	年次	合計特殊出生率
フランス	2015年	1.92
スウェーデン	2015年	1.85
アメリカ	2015年	1.84
イギリス	2015年	1.80
ドイツ	2015年	1.50
日　本	2015年	1.45
イタリア	2015年	1.35

資料：1959年まで United Nations "Demographic Yearbook" 等、1960年以降は OECD Family database（2017年5月更新版）および厚生労働省「人口動態統計」を基に内閣府作成。
出所：内閣府ホームページ

加によって引き起こされるエネルギー問題や食糧・水資源問題、環境問題が大きな課題である。

❼ 国際収支

(1)「国際収支の発展段階説」からみるわが国の経済 ———

　国家経済の発展に伴い、国際収支は一般的に〔図表1-27〕のような段階を経ると考えられている。

第1段階……未成熟の債務国（低開発）

　国内産業が貧弱で、輸入に頼る生活のため貿易収支は赤字。また、経済発展に必要な資金を外資に頼っているので所得収支は赤字、金融収支も赤字の状態。

第2段階……成熟した債務国（開発の初期段階）

　安価な労働力を背景に輸出を増加させるため、貿易収支は黒字に転換。設備投資は増加するが、外資頼りのままであるため所得収支の赤字が拡大、金融収支も赤字の状態。

第3段階……債務返済国（高度成長）

　経済発展が進み貿易黒字が拡大し、経常収支は黒字に転換。国内資金が蓄積されはじめ、外資の返済が進むため金融収支が黒字の状態。

第4段階……未成熟の債権国（債権国）

〔図表1-27〕国際収支の各段階

	貿易サービス収支	第1次所得収支	経常収支	金融収支
①未成熟の債務国	－	－	－	－
②成熟した債務国	＋	－－	－	－
③債務返済国	＋＋	－	＋	＋
④未成熟の債権国	＋	＋	＋＋	＋＋
⑤成熟した債権国	－	＋＋	＋	＋
⑥債権取崩国	－	＋	－	－

※2014年に改定された国際収支表に準じて改変。以前の資本収支と改定後の金融収支は＋－が逆転する。

出所：昭和59年年次経済報告　経済企画庁より改変

先進国と同等になるが、価格競争力が衰え、輸入が増加するので貿易黒字が縮小。資本蓄積が進んだ結果、海外へ投資を始める。債務国から債権国への転換する状態。

第5段階……成熟した債権国（成長力に陰り）

海外への投資により所得収支が拡大。経常収支の縮小に伴い海外への投資も縮小し、金融収支の黒字幅も小さくなる状態。

第6段階……債権取崩国（老齢期）

産業が衰え始め、所得収支も経常収支を支えることができず赤字に。海外に投資してきた債権を取り崩して生活する（貯金を下ろして生活費に充てる）状態になり、金融収支は赤字の状態。

日本は1980年代から貿易サービス収支、金融収支ともに大幅な黒字化が定着した第3段階「債務返済国（高度成長段階）」に入ったといえる。その後の2010年以後、貿易サービス収支が赤字化する傾向が表れ始めている。これは第5段階「成熟した債権国（成長力に陰り）」に入った可能性がある〔図表1−28〕。

(2) 現地生産拡大の影響

国内工場から海外向けに出荷されると「輸出」として集計されるが、海外の生産拠点から出荷されても統計上「輸出」として集計されない。その代わり、海外生産拠点（現地子

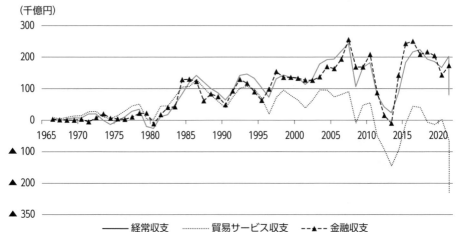

〔図表1−28〕わが国の国際収支

注）2014年に国際収支統計の大幅な改定があったため、統計の連続性は正確ではない。
出所：内閣府データから作成

〔図表1-29〕経常収支の内訳

	貿易・サービス収支	第一次所得収支	第二次所得収支	合計
1996	+2.3兆円	+6.2兆円	▲1.0兆円	+7.5兆円
2022	▲21.3兆円	+34.5兆円	▲2.5兆円	+10.8兆円

出所：財務省　国際収支状況　Ⅰ．国際収支総括表から作成

〔図表1-30〕現地生産と輸出の関係

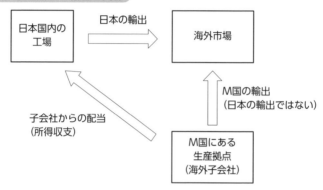

会社）等の業績向上により配当収益の増加、すなわち、第1次所得収支として集計されることになる〔図表1-29〕。このように貿易サービス収支の赤字、第1次所得収支の増加は、国内工場からの輸出ではなく、海外生産拠点での収益が増大していることが影響している。

　本来、ドル高・円安は輸出を促進する効果が期待できるはずだが、先のような例では、海外の生産拠点からの出荷は輸出として集計されないため、貿易・サービス収支の黒字化に結びつきにくくなっている面がある〔図表1-30〕。

第 2 章

ポートフォリオ運用

第**1**節

分散投資

一般に、ポートフォリオとは、保有する株式、債券、不動産、商品、現金預金等、複数の資産の組合せをいう。そして、ポートフォリオ運用は、分散投資によるリスク低減効果を目的とする運用方法のことである。

❶ 分散投資の意義と目的

日本では、伝統的に財産3分法（財産は現金・預金、不動産、有価証券の3種類の資産に分けて所有することが好ましいという財産管理法）によって分散投資の有効性が伝えられてきた。また、海外には「一つのかごにすべての卵を盛るな（Don't have all one's eggs in one basket）」という格言があるという。一般に、資産選択の基準として、安全性・流動性・収益性の三つの性格が挙げられる。これら3点をすべて兼ね備えた資産は理論上存在しないので、それぞれの資産に付随するそれぞれの性格を組み合わせた資産全体として、安全性・流動性・収益性のバランスをとるということが定性的な意味における分散投資の目的である。すなわち、資産をすべて円預金で持つことは決して安全とはいえない。どんなに円預金を貯めたとしても、過度なインフレや戦争・紛争により、円の価値がなくなると同時に全金融財産を失うことになる可能性も考えられる。

❷ 分散投資の種類と方法

（1）銘柄分散

株式投資をするとき、特定の1社の株式にだけ集中投資するのではなく、同時に複数の銘柄に投資することを**銘柄分散**という。

　銘柄分散の効果を、例えば、国内の輸出型企業と輸入型企業で考えてみよう。為替レートがドル高に傾いたとき、輸出型企業は業績が向上し株価が上昇傾向を示すのに対し、輸入型企業は業績が悪化し株価が下落傾向を示すことになるだろう。逆に、ドル安に傾いたときには輸出型企業の株価は下落し、輸入型企業の株価は上昇する。分散投資をしないと、投資資産は為替レートの変動に応じて大きな損失を被る可能性がある。しかし、両者の株式を同時に保有していると、為替レートがどちらに変動しても株価の動きが相殺され、大きな損失を逃れられる（ただし、得られるリターンも低くなる）。これが**ポートフォリオ効果**と呼ばれるものだが、詳しくは本章第2節にて解説する。

(2) 市場分散

　投資対象の分散は銘柄だけではない。前述の輸出型企業と輸入型企業はどちらも国内の株式市場の銘柄であった。市場の分散は、分散の対象をより広く捉え、「どの銘柄に投資するか」ではなく、「どの市場に投資するか」という視点で考える。

　国内株式市場だけではなく、国内債券市場、国内不動産市場という異なるジャンルの市場に分散する。さらには海外にも目を向け、米国株式市場やユーロ株式市場にも分散する。こういった分散を**市場分散**と呼ぶ。実務では銘柄分散よりも市場分散の効果が大きいとされる。

(3) 購入（売却）時期の分散

　分散投資は、投資先の分散だけでなく、「いつ買うか」「いつ売るか」という時期の分散についても考える必要がある。もちろん、「安いときに買い、高いときに売る」のがよいに決まっているのだが、「いつが安いか」「いつが高いか」を判断するのは容易ではない。「安いと判断したときに、全額投資する」のではなく、「いつが安いのか判断できないので、買う時期を分ける」というのが**購入時期の分散**である。

　購入時の時間分散は二つのパターンがある。毎期「同じ株数を買う」パターン（定数購入）と毎期「同じ金額を買う」というパターン（定額購入）である。

　購入時の時間分散の効果を〔図表2－1〕の数値例で説明しよう。定数購入は「毎期30株を買う」というルールに従う。株価は常に変動するので購入額も変動する。定額購入は「毎期30,000円分買う」というルールに従う。株価の変動に合わせて購入できる株式数も変わる。

〔図表２－１〕購入時期の時間分散

		4月	5月	6月	7月	合計	平均購入単価
株価		1,000円／株	1,500円／株	500円／株	1,000円／株		
定数購入	株数	30株	30株	30株	30株	120株	1,000円／株
	購入額	30,000円	45,000円	15,000円	30,000円	120,000円	
定額購入（ドルコスト平均法）	株数	30株	20株	60株	30株	140株	約857円／株
	購入額	30,000円	30,000円	30,000円	30,000円	120,000円	

　この数値例の場合、たまたま購入額合計が120,000円で一致している。しかし、購入できた株式数は、定数購入が120株に対して、定額購入が140株と多く購入できた。よって、平均購入単価（＝投資総額÷取得総口数）は定額購入のほうが低くなり、有利な結果となった。こうなった原因は、定額購入が、株価が安いときには多くの株式数を買い、高いときには少ない株式数を買うことになるからである。

　もちろん、定額購入のほうが常に有利な結果をもたらすわけではないが、こういった定額購入は**ドルコスト平均法**と呼ばれ、実務ではよりよい時間分散として支持されている。

　時間分散は購入時だけではない。いつ売却するか、という問題もある。ドルコスト平均法のように、特に名称は付されていないが、売却時期も分散するという発想がある。退職金を一時金で受け取るか、年金払いを選択するかという問題にも通じる。

（4）投資期間の分散

　購入（売却）時期の分散の他に、**投資期間の分散**という発想がある。これは特に債券投資において重要な要因となる。

　金利水準は経済情勢によって上昇と下降を繰り返している。また、金利の上昇期は比較的短く、下降期は比較的長いといわれている。商品選択の際には、このような特徴をふまえた上で、基本的には上昇期は短期物か変動金利型、下降期は長期物か固定金利型の金融商品を選ぶことが望ましい。

　しかし、金利のピーク時に長期かつ固定金利型の金融商品に集中投資すると、満期時以降に急激な運用利回りの低下に見舞われることが多い。また、中途解約リスクや次々に登場する新しい金融商品へ対応するためにも、運用期間を分けて複数の商品で運用したり、常に一部に流動性を持たせたりすることが必要になる。

第**2**節

ポートフォリオ理論

　ポートフォリオ理論におけるリスクとは、将来のキャッシュフローに関する不確実性という意味である。日常的な用語として「危険」という意味で使う「リスク」とは異なる。

❶ 期待収益率

　投資は、将来のキャッシュフローを期待して行われる。しかし、将来のキャッシュフローは、いまだ実現されていないのであるから不確定である。そこで、統計学の手法を用いた定量分析が行われる。

　例えば、2人がそれぞれ100円を拠出して、いずれか1人がコインを投げて表が出たらコインを投げた人が200円をもらえ、裏が出たらコインを投げなかった人が200円をもらえる、というゲームについて、その収益率は次のように確率的に期待値として計算することができる。

収益率の期待値

$$\frac{200円 \times \dfrac{1}{2}（各人が200円の配当をもらえる確率）-100円}{100円} \times 100 = 0.0\%$$

　このゲームをする人は、射幸心が満たされるということがあるかもしれない。しかし実際には、この計算から明らかなように、100円の損失または200円の収入（100円の利益）となるゲームについて、確率を用いて収益率を計算すると、損益はないことになる。

　このように、生起確率でウエイト付けした予想収益率の総和を**期待収益率**（期待リターン）といい、次の算式で計算することができる（算式中の「n」は生起回数を表す）。なお、期待収益率は「E（R）」と表記されることが多い。

期待収益率（%）

$$\sum_{i=1}^{n}（生起確率 i ×予想収益率 i）$$
$$=生起確率1×予想収益率1＋生起確率2×予想収益率2＋…＋生起確率n×予想収益率n$$

例　題

Q:

　ある資産Xについて、予想収益率が15％となる確率が20％、予想収益率が10％となる確率が40％、予想収益率が5％となる確率が20％、予想収益率が▲10％となる確率が20％のときの期待収益率E(R_x)を求めなさい。

A:

$E(R_x)=0.2×15％＋0.4×10％＋0.2×5％＋0.2×▲10％$
$　　　=3％＋4％＋1％＋▲2％＝6％$

生起確率 A	予想収益率 B	A×B	期待収益率E(R_x) ＝Σ（A×B）
20%	15%	3％	
40%	10%	4％	6％
20%	5%	1％	
20%	▲10%	▲2％	

　上記の例題は、個別資産に関する期待収益率の算出であるが、ポートフォリオの期待収益率は、個別資産の期待収益率に組入比率でウエイト付けした値の総和で求めることができる。算式は次のとおりである。

ポートフォリオの期待収益率（%）

$\sum\limits_{i=1}^{n}$（組入比率 i ×期待収益率 i ）

＝資産 1 の組入比率×資産 1 の期待収益率＋資産 2 の組入比率×資産 2 の期待収益率
　　＋…＋資産 n の組入比率×資産 n の期待収益率

例　題

Q:

　組入比率が50％の資産Aの期待収益率が15％、組入比率が25％の資産Bの期待収益率が10％、組入比率が25％の資産Cの期待収益率が 5 ％のとき、このポートフォリオPの期待収益率E（R$_P$）を求めなさい。

A:

$E（R_P）=0.5\times15\%+0.25\times10\%+0.25\times 5\%$
$\qquad\quad =7.50\%+2.50\%+1.25\%=11.25\%$

資産	組入比率 A	期待収益率 B	A×B	期待収益率E（R$_P$） ＝Σ（A×B）
資産A	50%	15%	7.50%	
資産B	25%	10%	2.50%	11.25%
資産C	25%	5%	1.25%	

　なお、ポートフォリオの期待収益率は、シナリオに基づく生起確率でウエイト付けした収益率であるので、前提とするシナリオ、つまり、シナリオ設定者の考え方により変化する。したがって、資産運用機関によって期待収益率は異なり、その算出自体が、資産運用機関のノウハウの一つでもある。数字で見せられると客観的で絶対的な値と思いこんでしまいがちであるが、期待値というものの定性的な側面をよく認識する必要がある。

❷ 分散および標準偏差（リスク）

　資産運用を行うとは、現代投資理論における「投資」を意味している。投資とは、一定のリスク（収益の変動性）を許容することで、そのリスクに見合ったリターン（収益）を享受しようとする行動をいう。

　一般にリスクというと、損をする可能性や元本割れになることを指すと思われがちであるが、ポートフォリオ理論においてリスクという場合は、不確実な度合い（＝不確実性）をいう。通常はリターンの**ばらつき度合い**（収益率の散らばり具合）を指す。要するに、確率的に起こり得る収益率が、その平均的な数値である期待収益率からどの程度ぶれる可能性があるのかによって、リスクの高低が判断されるわけである。

　期待収益率からのブレが大きいものは、それだけ期待収益率よりも大きな収益が期待できる半面、期待収益率を大幅に下回る収益しか得られない可能性があるため、リスクが高いとされる。反対に、期待収益率からのブレが小さいものは、どのような場合でも、ほぼ期待収益率どおりの収益が期待できるということでリスクが低いとされる。

　したがって、資産運用では、「リスクを負うことなしには、リターンは得られない」（トレードオフ）という経済原理が基本にあり、「リスクを的確に把握し、リスクにいかに対応するか」が重要なテーマとなる。その際、重要なことは「リターンに応じたリスクをとる」という合理的に説明可能な投資行動である。「リスクとリターンのトレードオフ」とは、単なるリスク・リターン分析上の言葉にとどまらず、実際の運用実務においては、その一連の投資行動を裏打ちするために、きわめて重要な意味を持っている。

(1) 分散および標準偏差

　リスク、すなわち期待収益率からのばらつき度合いを定量的に示すために、**分散**または**標準偏差**という確率的な概念を用いている。

　将来のリターンのばらつき度合いが期待収益率を中心とした正規分布になると仮定するのであれば、将来発生する収益の範囲を確率的に把握できる。

　正規分布では起こり得るリターンを横軸にとり、その発生する回数（度数）を縦軸にすると、中心が高くなる釣りがね型のグラフになる。期待収益率と標準偏差をこの正規分布のグラフに当てはめたものが〔図表2－2〕である。グラフは期待収益率の左右±1の標準偏差の範囲内に実際の収益率が収まる確率は約68％であることを意味している。また、±2の標準偏差の範囲内に実際の収益率が収まる確率は約95％となる。

〔図表2−2〕正規分布に基づく収益率の散らばり

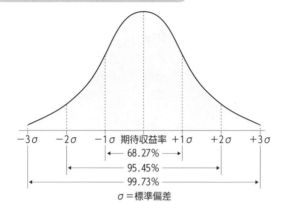

σ＝標準偏差

〔図表2−3〕A社のシナリオ別予想収益率と分散

1年後の シナリオ	シナリオが 実現する確率 （生起確率p）	予想収益率 （r）	平均値との差 （r−E）	分散 p（r−E）²
景気回復	0.2	20%	16.5%	54.45
現状維持	0.5	5%	1.5%	1.125
景気悪化	0.3	▲10%	▲13.5%	54.675
			合　計	110.25

∴標準偏差＝√分散＝√110.25＝10.50%
　標準偏差は分散値の平方根で、％表示とする。Eは、期待収益率。

〔図表2−4〕B社のシナリオ別予想収益率と分散

1年後の シナリオ	生起確率	B社の 予想収益率	平均値との差 （r−E）	分散 p（r−E）²
景気回復	0.2	▲20%	▲27%	145.8
現状維持	0.5	10%	3%	4.5
景気悪化	0.3	20%	13%	50.7
			合　計	201

∴標準偏差＝√分散＝√201≒14.18%

　以下、手持資金100万円でA社株式（期待収益率3.5%）を40万円、B社株式（期待収益率7.0%）を60万円購入した2銘柄からなるポートフォリオを想定する。景気シナリオの生起確率とA株式のシナリオ別予想収益率が〔図表2−3〕のとき、A社株式への投資の

〔図表2-5〕ポートフォリオのシナリオ別予想収益率

	予想収益率		組入比率		シナリオ別の予想収益率
	証券A	証券B	証券A	証券B	
景気回復	+20%	▲20%	40%	60%	▲4.0%
現状維持	+5%	+10%	40%	60%	+8.0%
景気悪化	▲10%	+20%	40%	60%	+8.0%

〔図表2-6〕ポートフォリオの標準偏差

1年後のシナリオ	シナリオが実現する確率（生起確率p）	予想収益率（r）	平均値[※]との差（r-E）	分散の計算 $p(r-E)^2$
景気回復	0.2	▲4.0%	▲9.60%	18.432
現状維持	0.5	8.0%	2.40%	2.880
景気悪化	0.3	8.0%	2.40%	1.728
			合 計	23.04

∴標準偏差＝$\sqrt{分散}$＝$\sqrt{23.04}$＝4.80%
（※）期待収益率の加重平均（E）＝0.4×3.5%＋0.6×7.0%＝5.6%

標準偏差および分散は以下のように計算される。

$$標準偏差＝\sqrt{\Sigma 生起確率×(予想収益率-期待収益率)^2}＝\sqrt{分散}$$
$$＝\sqrt{0.2×(20\%-3.5\%)^2+0.5×(5\%-3.5\%)^2+0.3×(-10\%-3.5\%)^2}$$
$$＝\sqrt{110.25}＝10.50\%$$

さらに、B社を同様に計算すると標準偏差は14.18%（≒$\sqrt{201}$）となる〔図表2-4〕。

ポートフォリオを組むこと（分散投資すること）は、この標準偏差を低下させる効果を発揮する。

まず、ポートフォリオ全体の各シナリオに応じた予想収益率を以下の計算式により計算する〔図表2-5〕。

ポートフォリオの予想収益率＝Σ（組入比率×予想収益率）

《例》景気回復シナリオのポートフォリオの予想収益率
＝0.4×20%＋0.6×▲20%＝▲4.0%

このように、各シナリオごとの予想収益率を計算し、これらに各生起確率をかけたものを合計すると、ポートフォリオの期待収益率になる。

この計算結果はA社とB社の期待収益率の加重平均と一致している。

加重平均（E）＝0.4×3.5％＋0.6×7.0％＝5.6％

次にポートフォリオの標準偏差を計算する〔図表2－6〕。

ポートフォリオの標準偏差＝$\sqrt{分散}$＝$\sqrt{23.04}$＝4.80％

計算結果はA社とB社の標準偏差の加重平均と大きく乖離している。

加重平均＝0.4×10.5％＋0.6×14.2％＝12.7％

　このようにポートフォリオの標準偏差が、標準偏差10.5％のA社と、標準偏差14.2％のB社を組み合わせた加重平均よりも小さくなることを**ポートフォリオ効果**、またはポートフォリオの**リスク低減効果**と呼ぶ。

　結果だけを見ると不思議な気がするかもしれないが、ポートフォリオの予想収益率〔図表2－5〕の証券Aと証券Bの予想収益率を見れば原因は明らかである。A社が高収益時にはB社は低収益に、逆にA社が低収益時にはB社は高収益となり、お互いに補い合いながら、全体の変動を小さくしているからである。

例　題

Q:

　ある資産Xについて、予想収益率が15％となる確率が20％、予想収益率が10％となる確率が40％、予想収益率が5％となる確率が20％、予想収益率が▲10％となる確率が20％のときの期待収益率は6％であるが、この場合の分散および標準偏差を求めなさい。

A:

V_X＝0.2×(15％－6％)^2＋0.4×(10％－6％)^2
　　＋0.2×(5％－6％)^2＋0.2×(▲10％－6％)^2
　　＝16.2＋6.4＋0.2＋51.2＝74

σ_X＝$\sqrt{74}$≒8.602…→8.60％

　これは、約68％の確率で、収益率が期待収益率6.00％±標準偏差8.60％（14.60％から▲2.60％まで）の散らばりに収まることを示している。

例 題

Q: ⋯⋯⋯⋯⋯⋯⋯⋯⋯⋯⋯⋯⋯⋯⋯⋯⋯⋯⋯⋯⋯⋯⋯⋯⋯⋯⋯⋯⋯⋯⋯⋯⋯

　過去5期間について、次のような実績収益率の資産Yの分散および標準偏差を求めなさい。

	第1期	第2期	第3期	第4期	第5期	平　均
収益率	10.00%	5.00%	▲10.00%	15.00%	▲5.00%	3.00%

A: ⋯⋯⋯⋯⋯⋯⋯⋯⋯⋯⋯⋯⋯⋯⋯⋯⋯⋯⋯⋯⋯⋯⋯⋯⋯⋯⋯⋯⋯⋯⋯⋯⋯

$$V_Y = \frac{1}{5} \times \{(10.00\% - 3.00\%)^2 + (5.00\% - 3.00\%)^2$$
$$+ (\blacktriangle 10.00\% - 3.00\%)^2 + (15.00\% - 3.00\%)^2$$
$$+ (\blacktriangle 5.00\% - 3.00\%)^2\}$$
$$= \frac{1}{5} \times (49 + 4 + 169 + 144 + 64)$$
$$= 86$$
$$\sigma_Y = \sqrt{86} \fallingdotseq 9.273\cdots\cdots \rightarrow 9.27\%$$

　（注）　各実績収益率の生起確率を20%と置くことで計算もできる。

　これは、約68%の確率で、収益率が実績収益率の平均3.00%±標準偏差9.27%（12.27%から▲6.27%まで）の散らばりに収まっていたことを示している。実際には、15.00%から▲10.00%までの収益率の散らばり具合であったが、将来も同じ分布に従うと仮定すると、今後も約68%の確率で12.27%から▲6.27%の範囲に収まることが期待できる。

生起確率A	収益率B	A×B	期待収益率 E(R_Y) = Σ(A×B)	B－E (R_Y)	分散 V_Y = Σ{A×(B－E(R_Y))²}	標準偏差 σ_Y
各20%	10.00%	2.00%	3.00%	7.00%	86	9.27%
	5.00%	1.00%		2.00%		
	▲10.00%	▲2.00%		▲13.00%		
	15.00%	3.00%		12.00%		
	▲5.00%	▲1.00%		▲8.00%		

（2）相関係数とポートフォリオのリスク

なぜ、分散投資がリスク低減効果を発揮するのであろうか。

直感的には、複数の資産へ投資することで、高収益を実現する資産や低収益となる資産、あるいはマイナス収益（損失）となる資産を組み合わせるのであるから、全体としては、平均的な収益を確保できるので、リスク低減効果があるのではないか、ということになろう。

しかし、この考え方は、リスク（収益率の散らばり具合）について、リターンから間接的に検討を行っているにすぎない。厳密に検証するのであれば、直接リスクを検討し、資産相互の関係からリスクが低減することを確認する必要がある。

そのために、2資産間の相互関係を測るための確率的なリスク概念として**共分散**（Covariance）がある。これは、**2資産間の収益率の関連性**を示し、「Cov」で表記されることが多い。共分散は、次の算式で求めることができる。

共分散

$$\sum_{i=1}^{n} \{生起確率 i \times (資産Aの収益率 i - 資産Aの期待収益率)$$
$$\times (資産Bの収益率 i - 資産Bの期待収益率)\}$$
$$= 生起確率1 \times (資産Aの収益率1 - 資産Aの期待収益率)$$
$$\times (資産Bの収益率1 - 資産Bの期待収益率) + \cdots\cdots$$
$$+ 生起確率 n \times (資産Aの収益率 n - 資産Aの期待収益率)$$
$$\times (資産Bの収益率 n - 資産Bの期待収益率)$$

生起確率がすべて同じであれば、次のとおりとなる。

共分散

$$\frac{1}{n}\sum_{i=1}^{n} \{(資産Aの収益率 i - 資産Aの期待収益率)$$
$$\times (資産Bの収益率 i - 資産Bの期待収益率)\}$$
$$= \frac{1}{n} \times \{(資産Aの収益率1 - 資産Aの期待収益率)$$
$$\times (資産Bの収益率1 - 資産Bの期待収益率) + \cdots$$
$$+ (資産Aの収益率 n - 資産Aの期待収益率)$$
$$\times (資産Bの収益率 n - 資産Bの期待収益率)\}$$

第2章

　なお、２資産間相互の収益率の連動性を測る場合、共分散と標準偏差を使った相関係数（Correlation Coefficient）によることが一般的である。

　相関係数は次の算式で求めることができ、「$\overset{\text{ロー}}{\rho}$」で表記されることが多い。

相関係数

$$\frac{\text{資産Ａと資産Ｂの共分散}}{\text{資産Ａの標準偏差×資産Ｂの標準偏差}}$$

　相関係数は、＋１から－１までの値になる。二つの資産は、＋１（正の完全相関）に近いほど、片方の収益率が増加傾向にあるときにもう一方も増加傾向を示し、片方が減少傾向ならもう一方も減少傾向を示す。つまり、増加・減少の傾向が**一致**する。また、－１（負の完全相関）に近いほど、片方の収益率が増加傾向にあるときにもう一方は逆に減少傾向を示す。つまり、増加・減少の傾向が**逆方向**になる。なお、相関係数**ゼロ**を無相関といい、二つの資産の収益率が相互に**無関係**であることを示す。つまり、２資産間の相関係数が＋１であるときには、ポートフォリオのリスク低減効果は得られず、－１のときに**リスク低減効果は最大**となる。

Q: 例 題

　資産Ａと資産Ｂの５期間の実績収益率が次の表の場合、資産Ａと資産Ｂの共分散および相関係数を求めなさい（表中の偏差は、各期の収益率と期待収益率の差）。

		第１期	第２期	第３期	第４期	第５期	平　均
資産A	収益率	10.00%	▲5.00%	5.00%	15.00%	▲10.00%	3.00%
	偏　差	7.00%	▲8.00%	2.00%	12.00%	▲13.00%	―
資産B	収益率	▲5.00%	15.00%	▲10.00%	5.00%	10.00%	3.00%
	偏　差	▲8.00%	12.00%	▲13.00%	2.00%	7.00%	―

A:

資産Aの分散 $= \dfrac{1}{5} \times (7.00\%^2 + \blacktriangle 8.00\%^2 + 2.00\%^2$

$+ 12.00\%^2 + \blacktriangle 13.00\%^2)$

$= \dfrac{1}{5} \times (49 + 64 + 4 + 144 + 169)$

$= 86$

資産Aの標準偏差 $= \sqrt{86} = 9.273\cdots \to 9.27\%$

資産Bの分散 $= \dfrac{1}{5} \times (\blacktriangle 8.00\%^2 + 12.00\%^2 + \blacktriangle 13.00\%^2$

$+ 2.00\%^2 + 7.00\%^2)$

$= \dfrac{1}{5} \times (64 + 144 + 169 + 4 + 49)$

$= 86$

資産Bの標準偏差 $= \sqrt{86} = 9.273\cdots \to 9.27\%$

資産Aと資産Bの共分散 $= \dfrac{1}{5} \times (7.00\% \times \blacktriangle 8.00\% + \blacktriangle 8.00\%$

$\times 12.00\% + 2.00\% \times \blacktriangle 13.00\%$

$+ 12.00\% \times 2.00\% + \blacktriangle 13.00\% \times 7.00\%)$

$= \dfrac{1}{5} \times (\blacktriangle 56 + \blacktriangle 96 + \blacktriangle 26 + 24 + \blacktriangle 91)$

$= \blacktriangle 49$

資産Aと資産Bの相関係数 $= \dfrac{\blacktriangle 49}{9.27 \times 9.27}$

$= \blacktriangle 0.5702\cdots \to \blacktriangle 0.57$

第2章

　各資産のリスクは、それぞれの収益率によって計算することができるが、共分散や相関係数からも、二つの資産で構成されるポートフォリオのリスク（分散または標準偏差）を求めることができる。

　共分散、相関係数を用いた2資産ポートフォリオの分散は、次の算式で求めることができる。

資産Aと資産Bの2資産ポートフォリオの分散

V_P＝資産Aの組入比率^2×資産Aの分散（または標準偏差^2）
　　＋資産Bの組入比率^2×資産Bの分散（または標準偏差^2）
　　＋2×資産Aの組入比率×資産Bの組入比率
　　×資産Aと資産Bの共分散

「資産Aと資産Bの共分散＝資産Aと資産Bの相関係数×資産Aの標準偏差×資産Bの標準偏差」であるので、上記の算式は、次のように表すこともできる。

V_P＝資産Aの組入比率^2×資産Aの分散（または標準偏差^2）
　　＋資産Bの組入比率^2×資産Bの分散（または標準偏差^2）
　　＋2×資産Aの組入比率×資産Bの組入比率
　　×資産Aと資産Bの相関係数×資産Aの標準偏差×資産Bの標準偏差

　2資産ポートフォリオの標準偏差は、上記分散の平方根（$\sigma=\sqrt{V}$）をとることで求められる。

例 題

Q:

　先の計算例の資産Aと資産Bを50％ずつ組み入れたポートフォリオの分散および標準偏差を求めなさい。

A:

$V_P(A, B)＝0.5×0.5×86＋0.5×0.5×86$
　　　　　　＋2×0.5×0.5×▲49
　　　　　＝21.5＋21.5＋▲24.5＝18.5
または、
$V_P(A, B)＝0.5×0.5×86＋0.5×0.5×86$
　　　　　　＋2×0.5×0.5×▲0.57×9.27×9.27
　　　　　＝21.5＋21.5＋▲24.5＝18.5
$\sigma_P(A, B)＝\sqrt{18.5}＝4.301…→4.30\%$

	資産A	資産B	資産A＋資産B
期待収益率	3.00%	3.00%	3.00%
標準偏差	9.27%	9.27%	4.30%

ポートフォリオの収益率（リターン）は、各資産の収益率と組入比率によって決まったが、ポートフォリオの分散または標準偏差（リスク）は、各資産の分散または標準偏差と組入比率のほかに、各資産間の共分散または相関係数によって決まる。

ポートフォリオのリターンとリスクの算出方法の違いから（具体的には、相関係数が－1と＋1の間の値をとるために）、**ポートフォリオのリスク**は、各資産の**リスクの平均値以下**になる。このようなリスク低減効果がポートフォリオ効果または分散投資効果と呼ばれるものである。

(3) 市場リスクと非市場リスク

相関関係の低い資産を組み合わせることでポートフォリオのリスク低減が期待できる。しかし、どれだけ多くの資産を組み合わせてもリスクがゼロとなるポートフォリオを組成することはできない。それは、ポートフォリオのリスクは、組み合わせた各資産のリスクと市場全体のリスクの総和となるためである〔図表2－7〕。

各資産のリスクは、分散投資を行うことにより、相関関係の低い資産同士が打ち消し合

〔図表2－7〕市場リスクと非市場リスク

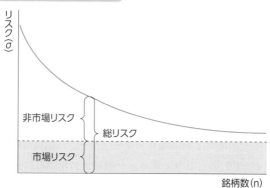

って消去可能なリスクであるが、市場全体のリスクは、分散投資によっても消去不可能なリスクである。分散投資によって**消去可能**なリスクを**非市場リスク（アンシステマティック・リスク）**といい、分散投資によっても**消去不可能**なリスクを**市場リスク（システマティック・リスク）**という。銘柄数を増やして市場全体と同じポートフォリオにすることができれば、理論上は非市場リスクはなくなり、市場リスクのみとなる。

　例えば、株価指数が上昇しているにもかかわらず、個別銘柄の株価が下落しているような状況では、市場リターンはプラスであるにもかかわらず、個別資産のリターンはマイナスとなっている。これは、個別資産のリスク・リターンを構成する要因として市場要因以外の要因が存在していると考えることができる。このような市場全体と個別資産のリスク・リターン状況が、市場リスク・市場リターンと、非市場リスク・非市場リターンの関係といえる。

　個別資産ＸまたはポートフォリオＰの総リスクのうち市場リスクによって説明できる割合を示す指標として、個別資産ＸまたはポートフォリオＰと市場全体の収益率の相関係数の2乗である**決定係数**がある。

　決定係数は「R^2」と表記されることが多く、次の算式で求めることができる。

決定係数（R^2）

$$\left(\frac{個別資産ＸまたはポートフォリオＰと市場全体の収益率の共分散}{個別資産ＸまたはポートフォリオＰの標準偏差×市場全体の標準偏差} \right)^2$$

❸ 効率的フロンティア

（1）投資家の選好

　投資家の選好とは、投資家のリスクに対する姿勢をいう。

　同じ程度の収益が期待できるとき、リスクの大きいほうを好む傾向を「危険愛好型」または「リスク愛好型」、リスクの小さいほうを好む傾向を「危険回避型」または「リスク回避型」、リスクの大小に無関係な傾向を「危険中立型」または「リスク中立型」という。

　これらの選好について、その主観的なリスクとリターンの組合せを描いた効用無差別曲線を示すと、〔図表2-8〕のとおりである。一般に、合理的な投資家は危険回避型の選好をもつとされる。

　マーコヴィッツは、現代ポートフォリオ理論で、投資家の資産選択行動を、危険回避型投資家のリスクとリターンの二つのパラメータにより効用を最大化する問題として定式化した。

（2）ポートフォリオの選択

　一般に、投資家の選好を示す効用無差別曲線〔図表2-8〕と投資可能なポートフォリオの交わる部分のポートフォリオが各投資家の効用（満足度）を最も高めるとされる〔図表2-9〕。このポートフォリオを最適ポートフォリオという。

　危険回避型投資家の場合、少ないリスクで多くのリターンを求めることになるが、それは、投資可能なポートフォリオ群の左上部分となる。すなわち、ポートフォリオ群の左上をなぞった曲線上のポートフォリオを選択することになる。この曲線を効率的フロンティアまたは有効フロンティア（Efficient Frontier）といい、効率的フロンティア上のポートフォリオ群を効率的ポートフォリオ（Efficient Portfolio）という〔図表2-10〕。

〔図表2-8〕投資家の選好による効用無差別曲線

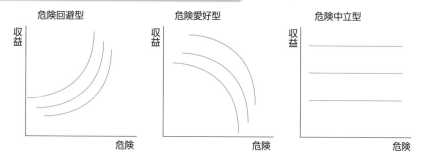

〔図表2-9〕最適ポートフォリオ（危険回避型選好の場合）

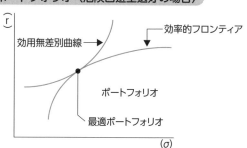

〔図表2−10〕効率的フロンティア

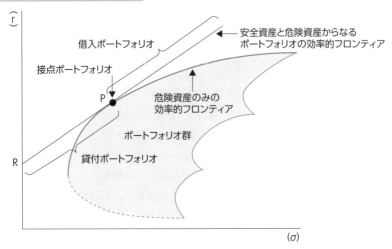

　この効率的フロンティア上のポートフォリオは、危険（リスク）資産の組合せによって構成されているポートフォリオであるが、危険資産と安全（無リスク）資産によって構成されるポートフォリオはグラフの上でどのように示されるであろうか。

　〔図表2−10〕のRは、安全資産、すなわちリスクがゼロである資産を示す。縦軸上のRの点は安全資産から得られるリターン（安全資産利子率）を示す。このRから効率的フロンティアに接する直線上に、危険資産Pと安全資産Rを組み合わせたポートフォリオが位置する。Rは安全資産が100％のポートフォリオであり、Pは危険資産が100％のポートフォリオであり、両者の組合せ比率により、RとPの間に示されることになる。

　この接点Pは、「期待リターン−安全資産のリターン」を最大にするポートフォリオであり、安全資産の概念を導入した場合の**接点ポートフォリオ**という。

　投資家の最適ポートフォリオは、安全資産と危険資産からなるポートフォリオの効率的フロンティア（直線）と投資家の選好を示す効用無差別曲線との接点になる。逆にいえば、安全資産と危険資産の組合せ比率にかかわらず、危険資産の最適なポートフォリオが決定される。このように「安全資産が存在し保有される限り、危険資産の最適組合せの決定の問題は、安全資産と危険資産の双方を含む最適ポートフォリオの決定の問題とは分離可能である」という**分離定理**が成立する。

　なお、直線が有効フロンティアと接する点Pより直線上の右上部分は、自己資金と、安全資産のリターンと同じ率の金利で借り入れた資金の合計額を最適ポートフォリオに投資

する場合を示す。これを借入ポートフォリオと呼ぶ。一方、Pより左下部分は貸付ポートフォリオと呼ばれる。

〔図表2－11〕の数値例に基づき、ポートフォリオのA社とB社の組入比率を0.4：0.6としたものが〔図表2－12〕である。さらに、組入比率を連続的に変えた点をプロットすると〔図表2－13〕のような曲線ができる。曲線が左側に膨らんでいるのは分散投資効果によりポートフォリオの標準偏差がA社とB社の標準偏差の加重平均よりも小さくなるからである。A社とB社は負の相関関係（相関係数がマイナス値）にあるため分散投資効果が大きく、左への膨らみが大きくなる。投資家はこの曲線上の任意の点を選ぶことができる。

さらに2銘柄ではなく、ポートフォリオの銘柄数を制限しなければ投資家が選び得る点は〔図表2－14〕の青色の部分のように面になる。

さて、投資家はどの部分を選ぶだろうか。〔図表2－15〕の内側にある青色の部分は選択しないはずである。それは、リスクが同じであれば収益が大きいほうを好む合理的な投資家であれば、同じ標準偏差の中では、一番上部にある期待収益率が大きいP1を含む実線部分を選ぶはずだからである。つまり、実線部分しか選択の対象になり得ないことになる。この実線で描かれた部分を**効率的フロンティア**と呼び、実線上の点を**効率的ポートフォリオ**と呼ぶ。

〔図表2－11〕期待収益率と標準偏差

	A社	B社	A社とB社の ポートフォリオ (0.4：0.6)
期待収益率	3.5%	7.0%	5.6%
標準偏差	10.5%	14.2%	4.8%

〔図表2－12〕期待収益率と標準偏差グラフ 〔図表2－13〕組入比率を連続的に変えたケース

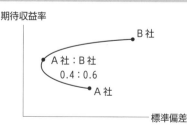

〔図表2-14〕投資機会集合の拡大

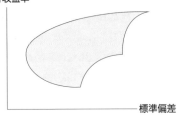

〔図表2-15〕効率的フロンティア

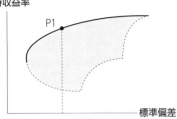

　投資家が効率的フロンティアのどの点を選ぶかについては、投資家の効用無差別曲線の形状（投資家の好み）次第であるため特定できない。

実務上のポイント

- 期待収益率は、各シナリオにおける予想収益率を生起確率で加重平均した値となる。
- リスクとはリターン（収益）のばらつき度合いであり、期待収益率からどのくらいばらついているかを示したものが標準偏差である。標準偏差が大きいほどリスクが高い。
- 相関係数は、－1のときにリスク低減効果は最大になり、＋1のときはリスク低減効果が最小になる（全くない）。
- 市場リスクは、分散投資によって打ち消すことが不可能であるが、非市場リスクは分散投資によって打ち消すことができる。

第 **3** 節

資本市場理論

資産価格の形成に関する理論体系は、資本市場理論（CMT）と呼ばれる。その理論の一つに、資本資産評価モデル（CAPM）がある。

❶ 資本市場線

市場全体と効率的ポートフォリオのリスク（標準偏差）とリターン（収益率）には、次の関係が成立している。

ポートフォリオの期待収益率

$$
安全資産利子率 + \frac{市場全体の期待収益率 - 安全資産利子率}{市場全体の標準偏差} \times ポートフォリオの標準偏差
$$

この算式は、**資本市場線**（CML）と呼ばれ、図示すると〔図表2－16〕のようになる。なお、資本市場線は〔図表2－10〕における「安全資産と危険資産からなるポートフォリオの効率的フロンティア」直線を市場全体のリスク・リターンを取り込んで、ポートフォリオの期待収益率に拡大適用したものである。

資本市場線の算式は、ポートフォリオの期待収益率（リターン）を増加させるためには、ポートフォリオの**標準偏差**（リスク）を増加させなければならない、あるいは、リスクを減少させるには、リターンを犠牲にする必要のあることを示している。すなわち、リスクとリターンのトレードオフ関係を示している。

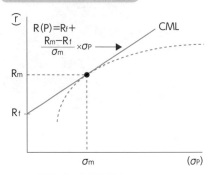

〔図表2－16〕資本市場線

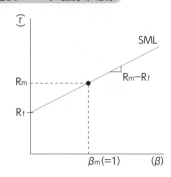

〔図表2－17〕証券市場線

Rm：市場全体の期待収益率
Rf：安全資産利子率
β_m：市場全体のβ(=1)
σ_m：市場全体の標準偏差
σ_P：ポートフォリオの標準偏差
R(P)または$\widehat{r}$：ポートフォリオの期待収益率

② 資本資産評価モデル

資本資産評価モデル（CAPM）は、安全資産利子率、市場全体および資産の標準偏差から資産（またはポートフォリオ）の期待収益率を算出する枠組みである。安全資産利子率は、国債の利回りや**無担保コールレート**などを使用する。

> **CAPMにおける資産の期待収益率**
>
> 安全資産利子率＋（市場の期待収益率－安全資産利子率）×β
> （※） $\beta = \dfrac{資産と市場の共分散}{市場の分散（標準偏差の2乗）}$

　上記算式中のβは、市場全体に対する資産のリスク量（システマティック・リスク）を測る指標である。**βが1より大きくなるとそのポートフォリオの価格変動は市場全体の価格変動に比べて大きくなる**（リスクが高くなる）。

　また、上記算式は、安全資産利子率とβが一定の場合、市場の期待収益率が上昇（低下）すると、資産（ポートフォリオ）の期待収益率も上昇（低下）することを表している。

　なお、CAPMは、市場均衡の状態におけるリスクとリターンの関係を示している。これを図示すると〔図表2－17〕となり、この直線は**証券市場線**と呼ばれ、直線の傾きは第

2項中の「市場の期待収益率－安全資産利子率」で示される。CAPMは、資本市場の需給の均衡状態における資産価格は証券市場線上にあるべきということを表している。

③ 効率的市場仮説

　すべての情報が瞬時に浸透し資産価格が形成される市場、すなわち、ある特定の情報に基づいて投資しても、市場平均より高い超過収益を得られない市場を効率的市場という。効率的市場が現実に存在するという仮説を**効率的市場仮説**という。

　もっとも、効率的である程度を段階的に定義して、過去の株価情報等（チャート分析等）による投資により超過収益を得られないレベルの効率性をウィーク・フォーム、利用可能な公開情報に基づいて投資しても超過収益を得られない（未公表情報は超過収益をもたらす）レベルをセミストロング・フォーム、利用可能な公開情報および未公開情報に基づいて投資しても超過収益を得られない（市場平均を超過する収益は得られない）レベルをストロング・フォームといっている。ストロング・フォームの効率性がある市場では、インサイダー情報を用いても（資産価格に織り込まれているので）超過収益を得ることができないことになる。

　市場の効率性がどの程度のレベルにあるかを判断することにより、投資スタイルも変化することになる。すなわち、効率性が低く超過収益の機会があると判断すればアクティブ運用、効率性が高く超過収益は期待できないと判断すればパッシブ運用となる。

④ 行動ファイナンス

　行動ファイナンスとは、現代投資理論では説明しきれない市場参加者の心理面などに注目して認知心理学等を取り入れた行動科学の方法によるファイナンス理論のことであり、行動経済学ともいう（詳しくは第3章で解説）。行動ファイナンス理論に対して、これまでの支配的なファイナンス理論を標準ファイナンス理論ということがある。

　標準ファイナンス理論は、合理的な説明と妥当な推論を行うため、人間の行動が合理的であるとの前提で、人間が従うべき原理を考える規範理論であるが、例えば小型株効果（時価総額の大きい株式への投資より時価総額の小さい株式への投資の収益率が高い）や1月効果（相対的に1月の株価が高くなる）などアノマリー（Anomaly：支配的理論で

は説明できない現象）を説明できない。これに対し、行動ファイナンス理論では、そもそも人間は「非合理的」で「合理性」は限定的にしか成り立たないとの前提に立ち、人間の投資行動を分析しアノマリーなどが生じた原因を考える実証理論である。

　例えば、同じ金額でも、利益よりも損失のほうに神経質になり、過去の高水準の含み益が損失に転じると投資家は心理的負債を抱えること（損失回避バイアス）になるため、それを取り戻そうとハイリスクの投資を行ったり、損失自体をロスカット（損切り）できずに、さらに損失が膨らむ状態に陥る一方で、利益（含み益）に対しては損害が発生するまで放置したり、早めに利食いしたりして、大きくは儲けられない傾向にある。また、高い確率よりも低い確率のほうを重視して、わずかな確率でしか高額当選しない宝くじのような商品、すなわち収益期待値よりも価格が上回る商品を購入する行動も分析されている。

実務上のポイント

- 資本資産評価モデル（CAPM）によるポートフォリオの期待収益率の算出にあたって、安全資産利子率には、一般に無担保コールレートや国庫短期証券等、発行体のリスクのない短期金利などが使用される。
- 資本資産評価モデル（CAPM）におけるβ（ベータ）値は、市場全体に対するポートフォリオのシステマティック・リスク（市場リスク）を測定した値である。
- 資本資産評価モデル（CAPM）によれば、同じ市場を対象とする二つのポートフォリオを比較した場合、β（ベータ）値が大きいポートフォリオのほうが、市場全体の変動の影響をより大きく受けるため、ポートフォリオのリスクが高いといえる。

第**4**節
ポートフォリオ・マネジメント

❶ 投資方針と投資管理

　ポートフォリオ運用においては、ポートフォリオを構築する前に投資方針の明確化が必要になる。また、アセットアロケーションの選択による投資戦略の策定や投資環境および投資成果の検討・評価、あるいは、ポートフォリオの修正という手順が必要になる。

① 投資方針の明確化

　「投資方針を明確化する」とは、投資目的（期待リターンと許容リスク）、投資期間、制約条件（税金、資金の追加や引出し等のキャッシュフロー、外貨資産の保有制限、その他、投資家の趣味嗜好等）および投資選好を明確化することである。

② アセットアロケーションの選択

　投資方針、特に、投資目的と投資期間に基づいたアセットアロケーションを選択して投資戦略を策定する。

　アセットアロケーションとは、内外の株式や債券等、あるいは、不動産までを含めた資産クラス別の配分比をいう。

　ポートフォリオ運用では、投資方針の明確化により、期待リターンと許容リスクが確定しているので、それに基づくアセットミックスを選択することになる。

　例えば、期待リターンが10％、許容リスクが５％の場合であれば、それに応じたアセットミックスを選択する。このように、投資方針を具体化したアセットミックスは、ポリシー・アセットミックスといい、それを策定することを戦略的アセットアロケーションまたはポリシー・アセットアロケーションという。

　なお、短期的な視野でのアセットアロケーションを策定することを戦術的アセットアロケーションまたはタクティカル・アセットアロケーションと呼ぶことがある。

③ ポートフォリオの構築

　アセットアロケーションに基づくポートフォリオを構築する。その際、資産クラス別

（国内株式、外国株式、国内債券、外国債券、オルタナティブ、短期金融資産など）のポートフォリオを作成することになる。この段階で、投資環境の検討および予測と個別銘柄の選定が行われる。

④ モニタリングとパフォーマンス評価およびポートフォリオの修正

当初の投資方針どおりの運用成果が得られているか否かなどについて定期的に検討・評価を行い、重要な変化が生じているような場合には、ポートフォリオの修正（銘柄の入替え、投資金額の調整（リバランス）、資産クラスへの投資金額の変更（リアロケーション）など）を行う。

❷ パフォーマンス評価

ポートフォリオ運用におけるパフォーマンス評価は、ポートフォリオ全体に対して行うことが大切である。

（1）投資収益率

収益率にはさまざまな概念があるが、一般的なものとしては、**金額加重収益率**と**時間加重収益率**がある。

金額加重収益率（MWRR：Money-Weighted Rate of Return）は、終期における価値を得るために投下された総資本金額の現在価値を算出する割引率であり、次の算式を満たす r となる。これは、内部収益率（IRR：Internal Rate of Return）に基づく考え方である。

金額加重収益率

$$当初投資金額 + \frac{第1期の収入}{(1+r)} + \frac{第2期の収入}{(1+r)^2} + \cdots\cdots + \frac{第 n-1 期の収入}{(1+r)^{n-1}} = \frac{第 n 期末の価値}{(1+r)^n}$$

上記算式の収入は、ポートフォリオへの資金の出し入れなので、運用途中の資金の出し入れ状況によって平均収益率が変わってしまう。

例えば、当初100で運用をスタートして、1年目の収益率が10％、2年目の収益率が15％のポートフォリオについて、①資金の出し入れなしに2年経過した場合、②1年目の期末に100の資金を追加した場合で計算してみると、次のとおりである。

① 期末の価値＝100×（1+0.10）×（1+0.15）＝126.5

$$100-\frac{126.5}{(1+r)^2}=0$$

を解いて、

$$\text{MWRR}=\left[\sqrt{\frac{126.5}{100}}-1\right]\times100=12.4722\cdots\rightarrow12.47\%$$

② 期末の価値＝ $\{100\times(1+0.10)+100\}\times(1+0.15)=241.5$

$$100+\frac{100}{1+r}-\frac{241.5}{(1+r)^2}=0$$

を解いて、

$$\text{MWRR}=0.13248\cdots\cdots\rightarrow13.25\%$$

つまり、運用自体の収益率が同じでも、資金の出し入れによってポートフォリオの収益率が変わってしまうという難点がある。したがって、追加型投資信託のように資金の出し入れがあるポートフォリオのファンドマネジャーの評価には適さない収益率概念である。

これに対し、時間加重収益率（TWRR：Time-Weighted Rate of Return）は、期中に資金の出し入れが発生するたびにポートフォリオの価値を計算するという方法に基づき、次の算式で収益率を求めるものである。

時間加重収益率

TWRR（%）

$$=\left[\sqrt[n]{\frac{\text{第1期末の価値}}{\text{当初の価値}}\times\frac{\text{第2期末の価値}}{\text{第1期末の価値＋第1期末の収入}}\times\cdots\times\frac{\text{第n期末の価値}}{\text{第n-1期末の価値＋第n-1期末の収入}}}-1\right]\times100$$

前述の①、②の事例について時間加重収益率を求めると以下のとおりになる。

① $\text{TWRR}=\left[\sqrt[2]{\frac{110}{100}\times\frac{126.5}{110}}-1\right]\times100=12.472\cdots\%\rightarrow12.47\%$

② $\text{TWRR}=\left[\sqrt[2]{\frac{110}{100}\times\frac{241.5}{110+100}}-1\right]\times100=12.472\cdots\%\rightarrow12.47\%$

このように、金額加重収益率はポートフォリオ全体のパフォーマンス評価に適し、時間加重収益率はファンドマネジャーのパフォーマンス評価に適した収益率概念であるといえる。

なお、このような実績収益率は複利、期待収益率は単利で表示するのが一般的である。実績収益率は、それぞれ、各期の前期の実績の影響を受けた結果としての事実であるが、期待収益率は各期について独立であるという前提に基づく概念であるからである。

(2) ユニバース比較

　収益率が計算されると、それを用いてユニバース比較によるパフォーマンス評価ができる。ユニバース比較とは、評価対象のポートフォリオに組み入れる銘柄群に類似するポートフォリオのグループをユニバースとして、そのユニバース内における各ポートフォリオのリターンの散らばり具合と評価対象のポートフォリオのリターンを比較するパフォーマンス評価方法である。

　類似のポートフォリオによりユニバースを構成するため、それぞれのポートフォリオのリスクは同一と仮定される。

(3) リスク調整後収益率

　リスク調整後収益率は「より少ないリスクで、より高いリターンを獲得したい」という発想に基づいたものである。「リスクを少なく、リターンを高く」という二つの基準を「（リターン÷リスク）を大きく」という1つの基準に集約したのである。

　リターンとしては、安全資産利子率をどれだけ上回ったかを示す超過収益率が採用される。超過収益率の発想は以下のように説明できる。

	①ある株式ファンドの 投資収益率	②安全資産利子率 （預金金利等）	超過収益率 （①－②）
高度成長期	8％	10%	▲2％
停滞期	4％	2％	2％

　ある株式ファンドの高度成長期と停滞期の運用成績を比較するとき、単純に投資収益率だけみると高度成長期のほうが2倍の結果を残している。しかし、同時期の安全資産利子率を比較すると高度成長期の結果が良好なものとはいえないことがわかる。高度成長期には安全資産利回りを下回っており「リスクを負って株式投資したのに預金金利に負けた」ことになる。そこでパフォーマンス評価時には超過収益率が採用されるのである。

　リスクも同様に安全資産のリスクをどれだけ上回っているかを示す超過リスクで評価すべきである。しかし、安全資産のリスクは常にゼロとみなしているので評価対象のリスクをそのまま使用するのである。

　リスクとして何を採用するかでさまざまな評価指標が使われてきた。CAPMのベータ概念に基づいたトレイナーの測度やジェンセンの測度、その後のCAPMに対する実務的な批判からベータに依存しない情報比等が考案された。

① トレイナーの測度

　トレイナーの測度は、**超過収益率をβ（ベータ）で除して算出する**。したがって、βによるリスク1単位当たりの超過収益率を算出することになるので、**株式ポートフォリオと債券ポートフォリオのような市場が異なるポートフォリオ**同士の比較には**向かない**。

> **トレイナーの測度**
>
> $$\frac{ポートフォリオの収益率 - 安全資産利子率}{ポートフォリオの\beta（ベータ）}$$

　トレイナーの測度は安全資産利子率の点とポートフォリオを結ぶ直線の傾きで表される。〔図表2-18〕では、ポートフォリオAのほうがポートフォリオBよりもβ1単位当たりのリターンが高く、パフォーマンスは良好であったと評価される。

② シャープの測度

　シャープの測度（シャープ・レシオ）は、**超過収益率を標準偏差で除して算出する**。したがって、標準偏差によるリスク1単位当たりの超過収益率を算出することになり、**異なる種類のポートフォリオ間のパフォーマンス比較も可能**である。

> **シャープの測度**
>
> $$\frac{ポートフォリオの収益率 - 安全資産利子率}{ポートフォリオの\sigma（標準偏差）}$$

　シャープの測度は安全資産利子率の点とポートフォリオを結ぶ直線の傾きで表される。〔図表2-19〕では、ポートフォリオAのほうがポートフォリオBよりもリスク1単位当たりのリターンが高く、パフォーマンスは良好であったと評価される。

〔図表2-18〕トレイナーの測度

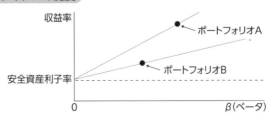

〔図表2-19〕シャープの測度

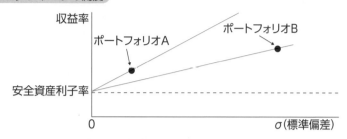

例 題

Q: ⋯⋯⋯⋯⋯⋯⋯⋯⋯⋯⋯⋯⋯⋯⋯⋯⋯⋯⋯⋯⋯⋯⋯⋯⋯

以下の各ポートフォリオのうち、シャープの測度(シャープ・レシオ)の比較によるパフォーマンスが最も良好なものはどれか。安全資産の利子率を2%とする。

	収益率	標準偏差
ポートフォリオX	8%	6%
ポートフォリオY	12%	8%
ポートフォリオZ	21%	18%

A: ⋯⋯⋯⋯⋯⋯⋯⋯⋯⋯⋯⋯⋯⋯⋯⋯⋯⋯⋯⋯⋯⋯⋯⋯⋯

ポートフォリオX：$\dfrac{8\% - 2\%}{6\%} = 1$

ポートフォリオY：$\dfrac{12\% - 2\%}{8\%} = 1.25$

ポートフォリオZ：$\dfrac{21\% - 2\%}{18\%} = 1.05\cdots$

　したがって、シャープの測度(シャープ・レシオ)の値の最も大きいポートフォリオYのパフォーマンスが最も良好であるといえる。

③ ジェンセンの測度

　ジェンセンの測度（ジェンセンのアルファ）は、ポートフォリオにおいて CAPM で算出される**均衡収益率**（市場全体の動きに連動したリターン）を**超過**した**収益率**（α）を測るものである。均衡収益率を超過した収益率、すなわち、銘柄選択や市場タイミングといったファンドマネジャーの能力評価ということができる。

> **ジェンセンの測度**
>
> ポートフォリオの収益率－CAPM による収益率
> （※）CAPM による収益率＝安全資産利子率＋β×（市場全体の収益率－安全資産利子率）

　ジェンセンの測度は、ポートフォリオの実績と証券市場線における収益率の差で表される。〔図表2－20〕ではα_Aよりもα_Bのほうが大きいため、ジェンセンの測度ではポートフォリオBのほうが良好なパフォーマンスであったと評価される。

〔図表2－20〕ジェンセンの測度

④ インフォメーション・レシオ（情報比）

　ベンチマーク（ポートフォリオの運用実績を評価する基準で、例えば日本株式の場合は日経平均や TOPIX をいう）の収益率に対するポートフォリオの**超過収益率**を**トラッキングエラー**（超過収益率の標準偏差）で除して算出する。投資信託のファンドマネジャーの評価などに用いられる。

> **インフォメーション・レシオ**
>
> $$\frac{\text{ポートフォリオの収益率－ベンチマークの収益率}}{\text{トラッキングエラー}}$$

実務上のポイント

- トレイナーの測度（トレイナー・レシオ）は、ベータ（β）によるリスク1単位当たりの超過収益率であり、市場が異なるポートフォリオ間のパフォーマンス比較には向かない。
- シャープの測度（シャープ・レシオ）は、標準偏差によるリスク1単位当たりの超過収益率であり、異なる種類のポートフォリオ間のパフォーマンス比較も可能。比較したときに、数値が高いほど効率的な運用がなされている。
- ジェンセンの測度（ジェンセンのアルファ）は、CAPMで算出される均衡収益率を上回る超過収益率である。
- インフォメーション・レシオ（情報比）は、ベンチマークに対するポートフォリオの超過収益率をトラッキングエラーで除して算出するものであり、ファンドマネジャーの評価に用いられる尺度である。

第 3 章

行動ファイナンス

ポートフォリオ理論から行動ファイナンスへ

　現実の我々は、ある程度の合理性は持ち合わせているものの、「完全に合理的に行動する」ことはできない。合理的ではないことを認めた上で、どのような「不合理な行動」をしがちなのか、どうすれば合理的な行動に近づけるのかを考えるのが行動ファイナンスである。

❶ 「合理的な投資家」を前提とするポートフォリオ理論

　第2章で解説したポートフォリオ理論は「投資家は合理的である」ことを前提としている。合理的とは「正しい理論を知っている」、そして「理論通りに行動する」ことを意味する。具体的には「リスクが同じならばリターンの多いほうを選択できる」「リターンが同じならリスクが少ないほうを選択できる」等である。

　「投資家が合理的である」という前提条件は効率的市場仮説とも関連する。効率的市場仮説とは「すべての利用可能な情報が完全に市場価格に反映されている」とする仮説である。つまり、企業の実態が適正に株価に反映されており、一部の投資家だけが割安（実態よりも安い価格）で有利に購入することも、割高（実態よりも高い価格）で有利に売却することもできない状態を意味する。

　この仮説が成立し、かつ投資家が合理的ならば、すべての投資家にとって最適なポートフォリオが安全資産（無リスク資産。預貯金や国債等）と市場ポートフォリオ（TOPIXインデックスファンドのような全銘柄で構成されるポートフォリオ）によって構成されることになる。

　したがって「リスクが同じなら、リターンも同じ」になり、だれもが〔図表3－1〕のような超過収益率が得られず、「シャープの測度が同じ」になる。

$$\text{シャープの測度} = \frac{\text{ポートフォリオの収益率} - \text{安全資産利子率}}{\text{ポートフォリオの標準偏差（リスク）}}$$

　シャープの測度は「より少ないリスクで、より高いリターンが得られているか」を表す指標で、値が大きければ優れていると判定される。〔図表3－1〕の安全資産とポートフォリオの点を結ぶ直線の傾きになる。

　効率的市場仮説はアクティブ運用の可能性に否定的であり、インデックス運用を支持する人々の理論的根拠となっている。どうして投資家全員が同じシャープの測度しか得られ

〔図表3－1〕シャープの測度

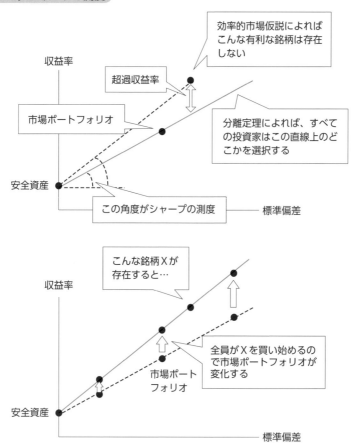

〔図表3−2〕三つの段階

ウィーク型	過去の株価を分析しても、分析しない他の投資家よりも高い収益を得られないとする段階。この段階ではテクニカル分析は無効になる。
セミ・ストロング型	株価を含むすべての公開情報（有価証券報告書等）を分析しても、分析しない他の投資家よりも高い収益を得られないとする段階。この段階ではファンダメンタル分析は無効になる。
ストロング型	公開情報のみならず未公開情報（いわゆるインサイダー情報）を入手しても、入手できない他の投資家よりも高い収益を得られないとする段階である。重要な未公開情報があったとしても速やかに公開されるはずなので「重要な未公開情報など存在しない」と考えてもよい。

ないのか。それは、だれかが他人より高い収益を得られる銘柄Xを発見したとしても、他の「合理的な投資家」もそれに気づいてその銘柄を買い始めるはずだからだ。全員が銘柄Xを購入するので市場ポートフォリオに組み込まれることにより、全員のシャープの測度が同じになる。

では、他の投資家に気づかれず、自分だけが銘柄Xの存在を知っていればよいのではないか。市場に合理的な投資家しかいないとしても、情報の独占が可能ならば、他人よりも高い収益が得られるのではないだろうか。

ファーマ（E. F. Fama）は実際の市場での「情報の独占による利益の獲得」の可能性を検証するために三つの段階を設定した〔図表3−2〕。実際の市場が、完全に効率的（情報の独占は不可能）ということもないだろうし、完全に非効率（簡単に情報の独占ができる）ということもないと予想したからだ。

ウィーク型、セミ・ストロング型の成立に関しては意見が分かれるところだ。ストロング型は現実には成立していない。もし現実の市場においてストロング型が成立しているならば法律によるインサイダー取引規制が不要のはずだからだ。

❷ 「投資家が合理的」ならバブルは起きないはず

「合理的でない投資家もいる」という批判に対して、ポートフォリオ理論は「全員が合理的な投資家でなくても、合理的な人の投資選択に偏りはないはずだから、全体としての平均は、投資家は合理的であるのと同じだ」と主張する。

しかし、何度も繰り返される市場のバブル発生と崩壊は、市場全体の「株価への偏った合理的ではない期待」によって生み出されたものであろう。つまり「全体として合理的」

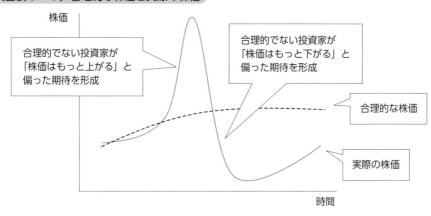

〔図表3−3〕合理的な株価と実際の株価

株価

合理的でない投資家が
「株価はもっと上がる」と
偏った期待を形成

合理的でない投資家が
「株価はもっと下がる」と
偏った期待を形成

合理的な株価

実際の株価

時間

第3章

も常に成立しているわけではなさそうだ〔図表3−3〕。バブルの発生と崩壊は、後述するバイアスのひとつ「群集行動（ハーディング現象）」の表れとして説明される。群衆行動とは、（合理性はなくとも）周囲に流される、同調する心理的傾向のことである。

　効率的市場仮説では、合理的ではない投資家の存在も許容するが、その予想は「もっと上がるはず」「これ以上は上がらない」という二方向に分かれ、偏らないことを想定している。しかし、現実には偏るのだ。そしてその後、バブル崩壊が始まると合理的でない投資家の予想が「株価はもっと下がる」という方向に偏る。長期的にみると合理的な株価が実現したとしても、短期的なバブルとその崩壊は投資家のみならず社会全体に大きな傷跡を残すことになる。これをヒステリシス（履歴効果）という。

❸ 行動経済学は「投資家が合理的でない」ことを認める

　ポートフォリオ理論は、合理的な投資家を前提に構築された。つまり合理的でない投資家については考えてこなかった。合理的でない投資家を理論的に扱うのが困難だからであろう。よって「合理的でない投資家」を分析対象とせず対処法を提示してこなかった。

　これに対して行動経済学は投資家は間違いをする、しかし、同時に投資家は学習し、適応するものとして捉えることにした。なお、行動経済学の「行動」は、積極的に何か実行するというポジティブな意味はない。「（完全には合理的ではない）現実の人間の振る舞いに基づく経済理論」という意味である。この行動経済学を前提にした金融理論が行動ファ

〔図表3－4〕投資家像の違い

効率的市場仮説 （ポートフォリオ理論、CAPM）	行動ファイナンス
投資家は合理的に行動する （合理的でない投資家については考えない）	投資家は間違いをする しかし、投資家は学習し、適応する

イナンスである〔図表3－4〕。

　現実の投資家が「完全に合理的」であることはありえないが、どうすれば合理的に近づけるだろうか。

　ポートフォリオ理論なら「正しいことを知れ」という他はないだろう。たしかにそれは必要であるが、正しいことを知るだけでは合理的にはなれない。生活習慣病などを考えてみればよい。食べ過ぎ、飲み過ぎ、運動不足などが原因でどんな病気になるのか知っている人でも生活習慣病を抜け出せないでいる。

　行動ファイナンスなら「自分がどういう間違いをするのか自覚しよう」から始めるだろう。「どうして食べ過ぎてしまうのか」を考えることで、日常生活を改善し健康に近づくことができると考えるのである。

　行動経済学（行動ファイナンス）は伝統的な経済学（効率的市場仮説を含む）を否定するものではない。現実の市場の不可解な現象を解き明かすことで合理的な市場に近づけようとするものである。

　人間の合理的ではない心理や行動は、社会学や心理学で長年の研究対象であった。行動経済学は、これらの要素を経済学に応用、取り込んだものといえる。行動ファイナンスは経済活動の、特に金融にフォーカスしたものである〔図表3－5〕。

〔図表3－5〕行動ファイナンスと他の学問との関係

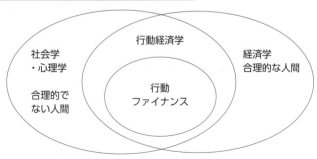

　行動ファイナンスは一般の個人投資家にこそ有用である。なぜなら個人生活にありがちな不合理な行動を出発点としているからである。だれもが陥りがちなのに、自覚されにくい不合理な行動、自覚されても矯正が困難な不合理な行動（バイアスと呼ばれる）を知ることにより、「合理的な投資」に近づくことができる。

第3章

第 **2** 節

プロスペクト理論

プロスペクト（prospect）とは「見通し」のことである。ポートフォリオ理論に登場する期待収益率の期待（expectation）と類似したものであるが、期待（expectation）は合理的な投資家を前提にしているのに対し、プロスペクトは合理的ではない現実の投資家の心理を反映したものになっている。

プロスペクト理論は、ポートフォリオ理論では説明できない「アノマリー（Anomaly）」と位置付けられた現象を、投資家の心理から解明しようとした理論である。

❶ アノマリー（Anomaly）

アノマリーとは、合理的な投資家を前提とするポートフォリオ理論や CAPM では説明できない「市場の異常現象」のことである。

アノマリーの代表的なものとして「小型株効果」「低 PER 効果」などがある。

小型株効果とは、株式時価総額の小さい銘柄の投資利回りが、株式時価総額の大きい銘柄（大型株）を上回る傾向にあることである。現実には大型株が小型株を上回る時期も存在するが、いずれにしても「大型か小型か」は投資利回りには関係がないはずである。

低 PER 効果はバリュー株効果ともいわれる。市場平均の PER よりも低い株式に投資するとそのリターンは市場平均を上回れるという効果だ。これも現実には高 PER のグロース（成長株）株のほうがバリュー株を上回る時期も存在する。いずれにしても理論的には「（予想）PER はどの銘柄でも同じはず」なのに、一定期間、市場価格が理論価格を下回ったり、上回ったりする現象のことである。

また、ファンダメンタル分析の基本ともいえる財務情報からの株価分析であるが、「PER の低い銘柄」が存在すること自体、理論的ではないとされる。

アノマリーは理論では説明することができない「異常現象」ではあるが、だからといって敬遠・忌避されるものではない。むしろ逆で、アノマリーを発見することで「市場平均

の利回りを上回る可能性」が生じる。理論通りなら市場平均を上回ることはできないはずだからである。アクティブ運用を目指す運用担当者は日々アノマリーの発見・利用を心がけている。

❷ ヒューリスティックとバイアス

ダニエル・カーネマンによると、ヒューリスティックは「困難な質問に対して、適切であるが往々にして不完全な答えを見つけるための単純な手続き」と定義される。絶対に失敗しないわけではないけれど、日常生活において「とりあえずこう考えて、だいたい OK のはず」という判断のことである。

日常生活において何か行動判断をする際に、徹底的に考え抜いて、十分に検証してから行動するようなことはそこまで多くないし、そんなことをしたら生活できなくなる。大雑把にとらえて判断することで日常生活に大きな支障はない。

その例として、単純化ヒューリスティック（選択の単純化）がある。これは、近道の解決法とも呼ばれる。「白衣を着ていれば医療関係者と思う」「警官の制服を着ていれば警官と思う」と判断することなどである。しかし、簡便な反面、当然外れることも発生する。「私の親は従業員1,000名を抱える会社の経営者」と聞いて、本当は母親が経営者なのかもしれないのに、父親の話だと勝手に思い込んだりもする。

ヒューリスティックは大雑把であるがゆえに失敗することがある。その失敗には「みんなする」「何回もする」という典型例がある。これを**バイアス**と呼ぶ。上記の単純化ヒューリスティックによる失敗を**代表性バイアス**という。

ヒューリスティックとバイアスを明確にすることで、不可解だった市場の現象を説明できる、つまり、「合理的ではない判断・行動」を減らせるのが行動経済学（行動ファイナンス）の目的である。

❸ プロスペクト理論の概要

ダニエル・カーネマンにより提唱されたプロスペクト理論では、合理的ではない人間のいくつかのバイアスを反映させることを柱としている。バイアスとは合理的ではない行動の傾向、根拠のない思い込み・先入観のことである。

個人投資家には

- 利益よりも損失に敏感
- 損失の出始めには過敏な反応をするのに比べ、損失が拡大したときの反応は小さい

という心理的傾向が存在することがカーネマンにより指摘されている。これらは損切り（損失が生じた銘柄を売却・手放す）か、塩漬け（大きな損失が生じた銘柄を回復するまで保有し続ける）かの判断等に関連する。

プロスペクト理論の考え方は価値関数と呼ばれる「価値（効用）を表すグラフ」にすると理解しやすい〔図表3－6〕。

（1）伝統的経済学の価値関数

価値（効用）とは満足度のことである。資産運用における満足度は、「投資家が合理的である」ことを前提とした伝統的な経済学では「資産残高に応じて増加する」と考える。資産ゼロからスタートして資産が増加するにしたがって満足度が増加していく。ただし、その満足度の増加はだんだん鈍くなってくる。「資産ゼロから100万円に増えたときの喜び」は、「資産が1億円から1億100万円に増えたときの喜び」を上回るだろう。これを感応度逓減性（限界効用逓減とも）という。資産残高が大きい領域では満足度の増加が鈍くなっている。

（2）プロスペクト理論　参照点という考え方

一方、プロスペクト理論では横軸は資産残高ではなく、「利益・損失」をとる。利益と

〔図表3－6〕伝統的経済学の価値関数

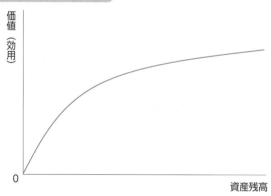

損失の分かれ目となる基準を参照点という〔図表3－7〕。同じ資産残高1,000万円であっても、「500万円が1,000万円になった人」と「2,000万円が1,000万円になった人」では価値（効用）が異なると考える。これはわかりやすい考え方で、当然、後者よりも前者のほうが価値（効用）は大きいと考えるのが自然である。

ただし、利益・損失の分かれ目は、元本割れか否かではない。各々の投資家が、自らの思惑に合わせて自由に参照点を設定する。したがって参照点は投資家によって異なる。

参照点の個人差を、オリンピックに参加するアスリートを例に考えてみよう。金メダルは確実と期待されているアスリートにとっての参照点は金メダル獲得である。だから銀メダル以下に終わったら、がっかりする。価値（効用）、すなわち満足度はマイナスである。しかし、同じ競技のアスリートでも「メダルは無理」と本人も周囲も期待していなかった場合、もし銅メダルを獲得できたら大喜びするだろう。価値（効用）、すなわち満足度は

第3章

〔図表3－7〕プロスペクト理論の価値関数

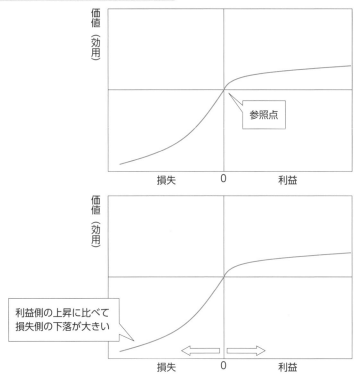

プラスになる。

　このように「参照点はその人次第」で、それにしたがって、利益か損失かが決定されるのである。プロスペクト理論では、投資家の満足度は資産残高ではなく、自らが設定した目標である「参照点」次第であると考える。

(3) 損失回避性

　損失回避性とは、投資家が利益よりも損失に強く反応する心理的傾向であることをいう。

　価値関数の形状をみると利益側の価値（効用）の増加（満足度の増加）が穏やかなのに比べて、損失側の下落幅が大きいことが損失回避性を表している。

　人間には損失回避性が存在することを示す実験がある。以下はカーネマンの実験の改題である。

問1　手元資金200万円で、どちらの投資を選ぶか？

　　A　確率50％で100万円を失うが、残り50％の確率で何も損しない。

　　B　確実に50万円を失う。

問2　手元資金100万円で、どちらの投資を選ぶか？

　　C　確率50％で100万円を得られるが、残り50％の確率で何も得られない。

　　D　確実に50万円が得られる。

　カーネマンは、問1ではAを選択する人が多く、問2ではDを選択する人が多くなる傾向があることを指摘した。

問1

資金	投資案	確率	結果	総残高
200万円	A	50%	▲100万円	100万円
		50%	―	200万円
	B	100%	▲50万円	150万円

問2

資金	投資案	確率	結果	総残高
100万円	C	50%	＋100万円	200万円
		50%	―	100万円
	D	100%	＋50万円	150万円

　最終的な残高をみれば「AかBか」の選択と「CかDか」の選択に差はないはずなのに、

問題の提示の仕方で選択が分かれてしまう。問題の提示の仕方で判断が変わってしまうことを、フレーミング効果（Framing Effect）という。

　提示されたものが利益ならば、少額になっても確定させることを望む一方で、提示されたものが損失ならば、リスク（不確実性）を選択してでも損失を避けようとする傾向がある。利益領域ではリスク（不確実性）を避け、損失領域ではリスク（不確実性）を選択する傾向は「反転傾向」と呼ばれる。損失回避性はあくまで「利益獲得よりも損失回避を優先する」傾向のことである。

| コラム | ダウンサイド・リスク |

　この傾向は現代ポートフォリオ理論におけるリスクに対する「よくある疑問」にも表れる。

　リスクを説明するチャートをみると「値下がりするのがリスクだというのは理解できるが、値上がりするのがどうしてリスクなんだ？」という素朴な疑問が生じる。

　現代ポートフォリオ理論では「投資回避型の投資家は、予想収益率の標準偏差が大きいことを嫌う」と仮定しているので、標準偏差をリスクと呼ぶ。これは「不確実さが大きいことを嫌う」と同じ意味である。

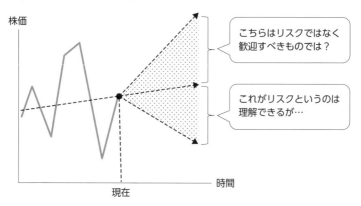

　しかし、投資家が実際に嫌っているのは「下方向（損失）」である。これをダウンサイド・リスクという。つまり、投資家が嫌うのは「不確実性ではなく損失」なのだ。

(4) 反転効果

反転効果とは、利益領域ではリスク（不確実性）を避け、損失領域ではリスク（不確実性）を選択する心理的傾向である。以下はカーネマンの実験の改題である。

問1　6万人を死に追いやると予想される病原性ウイルスが流行した。このウイルスに対抗するための2種類のワクチンが開発された。これらのワクチンの治療効果は次の通りである。

　　　　ワクチンA　このワクチンを採用すれば2万人が助かる。

　　　　ワクチンB　このワクチンを採用すれば6万人全員が助かる確率は3分の1、1人も助からない確率は3分の2

　　　どちらのワクチンを採用するべきか？

問2　軍隊の司令官が6万人の兵士を率いている。進軍ルートは次の2通りである。

　　　　ルートA　4万人の兵士が死亡する。

　　　　ルートB　1人も死亡しない確率は3分の1、6万人全員が死亡する確率は3分の2

　　　どちらのルートをとるべきか？

この問に対して被験者は問1ではワクチンA、問2ではルートBを多く選ぶ傾向が観察された。しかし、これも損失回避性の問題同様、ワクチンAとルートAは等しく、ワクチンBとルートBも等しい。

	確率	助かる人数
ワクチンA	1.0	2万人
ワクチンB	1/3	6万人
	2/3	0人

	確率	助かる人数
ルートA	1.0	2万人
ルートB	1/3	6万人
	2/3	0人

「人を助ける」というポジティブな局面（利益の領域）では、確実に助けられる人を優先したいと考え、不確実性を避ける。「人が死ぬ」というネガティブな局面（損失の領域）では、被害を減らせる可能性があるのなら減らしたいと考え、不確実性を選択する。

　助かる人数はどちらも同じなのに、異なる選択をする心理傾向が反転効果である。利益の領域、損失の領域は客観的なものではなく、当人が設定した参照点次第で変わり得ることである。

　また、損失回避性、反転効果の存在を確認するための実験で、確率は同じなのに、異なる選択をするのは、問題の提示の仕方に強く影響を受けているためだといえる。これをフレーミング効果という。

(5) 利益と損失の非対称

　価値（効用）を表す曲線は、参照点を境に凹凸が逆転する〔図表3－8〕。

　参照点から損失が生じ始める領域が一番傾きが大きく、だんだん傾きが小さくなる。これは「損失ゼロから損失100万円が生じる場合」と、「損失2,000万円から損失2,100万円に拡大する場合」では、前者のほうがショックが大きい（価値（効用）が大きく減少する）ことを表している。

　参照点から利益が生じ始める領域も同じだ。参照点付近が一番傾きが大きく、だんだん傾きが小さくなる。これも「利益ゼロから利益100万円が生じる場合」と、「利益2,000万円から利益2,100万円に拡大する場合」では、前者のほうが価値（効用）が大きく増加することを表している。

〔図表3－8〕プロスペクト理論の価値関数

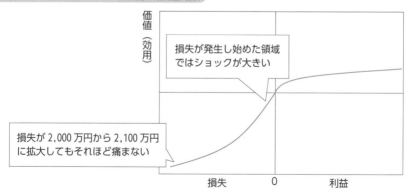

第3節

さまざまなバイアス

バイアスは「不合理な行動、傾向」であるが、これは「知識が不足している」「思考力が乏しい」ことが原因で起きるものではない。カーネマンが行動経済学においてバイアスの存在を指摘したとき、むしろ学会等における専門家たちの議論においてみられる心理傾向であることに気づかされたので注目された。

そもそも、完全に合理的な人など存在するはずがない。すべての人間はある程度の合理性と、多くの不合理性を抱えている。バイアスは、知識・思考力の足りない一部の人にみられるものではなく、だれもが抱える心理的傾向である。

バイアスは行動経済学に始まったものではなく、心理学・社会学において古くから扱われてきたテーマであり、現在でも新たなバイアスが発見・提唱されている。その名称や定義・分類も固定的なものではない。

また、一見、正反対に思えるバイアスも多い（塩漬けか、損切りか等）。その結果、「どっちを選んでも不合理ということにならないか」というのもよくある疑問である。ポイントは合理的な根拠・判断が存在するかであって、表面的な選択（結論）だけで判断してはならない。

また、存在が知られているバイアスもすべての人に当てはまるものではないし、バイアスを持つ人が大多数というわけでもないことに注意すべきである。人によって合理的に判断できることもあるだろうし、知られたバイアスとは逆方向に不合理な判断をすることもあるだろう。

「私はこのようには考えない」と思った人には、「このように考える人もいるんだ」ということに気づいてほしい。

❶ 銘柄選択時のバイアス

各種バイアスを投資局面での意味を考えながら紹介していこう〔**図表3-9**〕。まず、

〔図表3－9〕各種バイアス

認知バイアス （確率の誤解、 ハロー効果）	特定のバイアスではなく、広く人間の認知・認識の失敗により引き起こされるバイアスの総称。 確率の誤解、確率加重関数（後述）、ハロー効果も認知バイアス。ハロー効果とは、ある対象を評価するときに、目立ちやすい特徴に引きずられて他の特徴についての評価が歪められる現象のことをいう。例えば、同じ趣旨の発言であっても、発言者の容貌・声・演出などの要因で説得力が変わってしまうことなどがある。
利用可能性 バイアス	十分な情報収集を行わず、身近にある情報（利用可能性の高い情報）だけで意思決定をしてしまう傾向。例えば、テレビ広告等で頻繁に見聞きする商品を選択しがちなこと。
確証バイアス	自分の決断が正しいことを証明する情報だけを集め、否定的な情報の収集を行わないこと。
代表性バイアス	株価が上昇している株を見たら「今後も上がり続ける」と期待すること。
決定麻痺	過剰な情報にさらされると、人間は選択を決定しにくくなる傾向のこと。選択肢が多すぎると、合理的な判断が下せなくなる状態のことをいう。

株式投資や投資信託の銘柄選択時に関連するバイアスである。

(1) ハロー効果の例

> Kさんは、投資経験のない30歳の会社員である。これから資産形成を始めようと考えたので、好感度の高いタレントが出演しているTV広告を見て、その金融機関に相談することにした。

あらかじめお断りしておくが、好感度の高いタレントが出演しているTV広告を提供している金融機関に相談することが間違いなのではない。

企業は、一般市民にアピールし、販売促進につなげるために様々な広報活動を行う。テレビ広告はその典型である。その大部分は短時間の美しい映像の連続で、商品イメージを伝えるものである。そもそも視聴者が、録画して分析検討する、他社製品と比較することを前提にしていない。

企業も、テレビ広告だけで販売促進を考えているわけではない。今どきは「詳しくはネットで」が合言葉になっているように、詳細な情報公開は別媒体で行っている。

上記であるにもかかわらず、一般市民は「面白いテレビ広告の製品・サービス」「イメージの良い商品」だけで選択しがちである。これがハロー効果であり、利用可能性バイアスでもある。

また、（バイアスではない）ヒューリスティックが関連する。「ブランドの信頼感」である。科学的には、個々の商品ごとにその有用性・信頼性を検討すべきなのであるが、我々は日常的に「○○社なら安心」と考えがちである。そして多くの場合、それが裏切られることはない。それが裏切られるのであれば、そもそもブランドの信頼感が生じないはずだからである。逆に「見知らぬブランド」の場合、警戒感を持つし、それは正しい反応だ。ただし、「ブランドの信頼感」だけでは十分な検討・検証ではないことを忘れてはならない。

(2) 利用可能性バイアス、確証バイアスの克服

ありがたいことに利用可能性バイアス、確証バイアスを克服するのが簡単な時代になった。昔は第三者による評価、投資家の評判を入手することが困難だった。

現在はインターネット上で株価や有価証券報告書だけでなく、検索エンジンを利用すれば、評価・感想・噂まで一瞬にして収集できる。したがって、企業側が提示する情報だけを見て判断することはないはずだ。もちろん、ネット上の情報がすべてではないことに留意する必要がある。また、新聞記事ならば、ある程度の信ぴょう性が期待できるが、氾濫する情報がフェイク・ニュース（偽情報）である可能性を見極める能力が必要になる。

(3) 決定麻痺の例

> Ｙさんは、投資経験のない40歳の会社員である。老後のための資金を増やそうと、株式投資信託で資産運用を始めようと考えた。そこで、インターネットや投資雑誌で情報を集め、金融機関の主催する資産運用セミナーにも参加した。しかし、数百種類の株式投資信託のうち、どれが自分に向いているのか、わからなくなってきてしまい、そのうち時間ができたら改めて考えることにした。

この例では、最も大きな影響を与えているバイアスは「決定麻痺」である。「決定麻痺」とは、多すぎる情報を与えられると、かえって決定できなくなってしまうバイアスをいう。前述の「ハロー効果」とは対局のバイアスである。

合理的であれば、判断の参考になる情報が多ければ多いほど、良い判断ができるはずである。しかし、「普通の人」には、処理できる情報量に限界があり、選択肢が多すぎるとどれにするか決定できなくなるので、決定を先延ばしにしてしまうこととなる。

また、この例では、何かをして現状を変えたくないという「現状維持バイアス」（後述）も影響している。この場合、決定を先延ばしにしたのではなく、現在の状況の継続（投資

は始めない）という合理的とはいえない決定をしていることになる。

② チャートを読むときのありがちな勘違い

　名称が付されたバイアスではないが、株価や投信のチャート（価格の時間変動を示した
グラフ）を読み取るときにありがちな勘違いについて説明しよう。

　〔図表3−10〕は無分配型のオープン・ファンドAとBの基準価額のチャートである。
どちらのファンドを購入した投資家の満足度が大きかっただろうか。

　基準価額は常にファンドA＞ファンドBであるし、ファンドAはTOPIXを下回ったこ
とは一度もない。それに比べてファンドBはTOPIXどころか基準価額が設定来マイナス
で、最近ようやくプラスに転じた程度だ。これを見てファンドAが優秀だったと考える人
が多いのではないだろうか。しかし、本当にファンドAを購入した投資家は満足しただろ
うか。

　オープン型（追加型）投資信託は、購入後の基準価額がどれだけ値上がりしたかにより
収益が決まる。ファンドAはT1以降に購入した投資家には元本割れが生じている。一方、
ファンドBをT1以降に購入した投資家に元本割れは生じていない。それどころかT2以降
に購入した投資家の収益率は大きくプラスで、ファンドAおよびTOPIXの収益率がマイ
ナスに比べ凌駕している。

　この状況はチャートではなく騰落率表をみれば誤解は生じにくい。騰落率表ではファン

〔図表3−10〕ファンドA、ファンドBの基準価額のチャート例

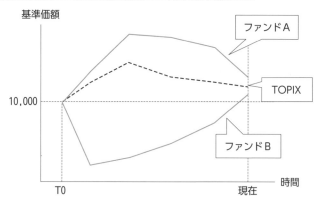

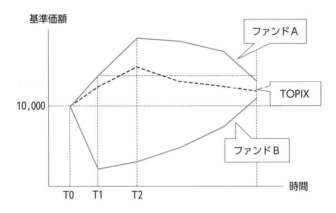

ドBの優秀さが際立っている。

ファンド名	基準価額の騰落率		
	T2〜現在	T1〜現在	T0〜現在
A	大きく▲	▲	＋
TOPIX	▲	▲	＋
B	大きく＋	大きく＋	＋

　では騰落率表だけみればよいのかといえば、それも正しくない。〔図表3−11〕の例を見てみよう。過去1年間の騰落率はともに＋10％である。では、ファンドCとファンドDは「同じようなファンド」と考えてよいだろうか。

ファンド名	分配金込み基準価額の騰落率（単位：％）			
	過去6ヶ月	過去1年	過去3年	過去5年
C	（略）	＋10％	（略）	（略）
D	（略）	＋10％	（略）	（略）

　ファンドCとDのチャートが以下のようだった可能性がある。
　ファンドC・Dともにこの期間中の騰落率は＋10％だ。しかし、リスク（変動幅）は同じでないことは一目瞭然であろう。すなわち、騰落率だけからリスクの大小は判定できないのだ。
　結局、チャートと騰落率表の両方を見ないと過去の実績を誤解する可能性がある。

〔図表3-11〕ファンドC、ファンドDの基準価額のチャート例

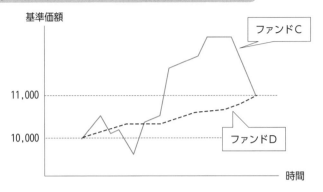

❸ 購入後、保有・売却に関するバイアス

〔図表3-12〕各種バイアス

群集心理 （ハーディング現象）	合理性よりも、多数派と同じ行動をとりたがる、周囲に同調したがる傾向のことをいう。バブルの発生・崩壊に関連するバイアス。投資家によるサブプライムローン関連商品の購入が過熱になり、リーマン・ショックの原因となったこともこれにあたる。
サンクコスト （埋没費用） バイアス	過去の支出にとらわれて、将来に向けての意思決定を誤る傾向のことをいう。「ここまで投資した。今さら引き下がれない」という後悔回避という心理傾向と関連する。これにより、損の上塗りをしてしまうことになりかねない。コンコルド効果ともいう。
現状維持バイアス	現状を変更することが望ましいと知っている場合でも、惰性でいつまでも現状維持してしまう傾向のことをいう。喫煙習慣、スマホ契約プランの見直しなど。
保有効果	現在保有している物に対して、実態以上の価値を感じてしまう傾向のことをいう。このため「損切りできない」とか「売りどきを見誤る」ことが生じる。
自信過剰	自分の判断に過剰な自信を持つ。
確証バイアス	自分の意見に肯定的な情報だけを収集したがり、反証例に学ぼうとしない。
認知的不協和	自分の意見に反する事実を受け入れにくくなり、思い込みに執着してしまう。
双曲割引	遠い将来なら待てるが、近い将来ならば待てないという心理的傾向のことをいう。短期的に得られる利益を過大評価し、長期的な利益を得る行動が苦手という心理。「ダイエットしたい（長期的な利益）」のに「今はケーキを食べたい（短期的な利益）」という誘惑になかなか勝てない。

アンカリング効果	最初に提示された価格を基準に判断を下してしまう傾向のことをいう。 同じ商品に対して「メーカー希望小売価格1,600円のところ600円を値引き」といわれるのと「定価1,000円で値引きしない」が同じと判断できない傾向。 アンカリング効果の濫用を防止するため、家電製品などはオープン価格に移行した（現在でもメーカー希望小売価格は表示される）。現在でも不正競争防止法の監視対象となっている。

(1) 現状維持、群集効果、双曲効果の例

　Ｙさんは、もともと投資に興味を持っていなかった。当時、株価は動かず大きなニュースもなかった。株価がだんだんと上昇し始めたとき、Ｙさんは少し興味がわいたが、すぐに投資を始めることはなく様子を見た。さらに株価が上昇し、良いニュースを目にするようになり、何人かの友人たちからは投資で成功したという話を聞いて、自分も投資を始めてみることにした。

　その後しばらくすると、株価が下落を始めた。Ｙさんは不安になったもののすぐに動くことはなかった。さらに株価の下落が進行し、世界同時株安のニュースを多く目にするようになった。Ｙさんの恐怖は増大していき、ついに持っていた株式をすべて投げ売りしてしまった。

　Ｙさんが「少し興味がわいたが、すぐに投資を始めることはなく様子を見た」のは、現状維持バイアスの影響である。

　「良いニュースを目にするようになり、何人かの友人たちからは投資で成功したという話を聞いて、自分も投資を始めてみることにした」のは群集心理であり、自分で合理性を検討することなく、周囲に同調することで始めてしまっている。

　「Ｙさんの恐怖は増大していき、ついに持っていた株式をすべて投げ売りしてしまった」のは、資産形成という長期的な目標よりも、短期的な株価下落による損失を重視してしまったことになる。これは双曲割引というバイアスの影響である。

(2) 自信過剰、確証バイアス、認知的不協和、保有効果の例

　Ｗさんは、収集した情報の分析結果からＡ社株式に投資することにした。すると、100万円を投資したＡ社株式は、すぐに200万円になった。Ｗさんは「株式投資は簡単だ」と思った。

　Wさんはその後も、大きく値上がりする可能性のある株式に関する情報を収集し、その結果、B社に注目した。WさんはB社がすっかり気に入ってしまい、投資用資金の全額1,000万円をB社株式に投資した。

　しかし、B社株式は急落を始め、悪いニュースも聞こえてくるようになった。Wさんは相変わらず、値上がりする根拠となる情報を収集している。

　A社への投資が成功したことにより、Wさんは「株式投資は簡単」だと思ったところが「自信過剰」である。自信過剰になったWさんは、B社に過剰な集中投資するに至った。

　「大きく値上がりする可能性のある株式に関する情報を収集」するのは、自分の意見に肯定的な情報だけを収集する確証バイアスである。どんな銘柄にも値上がりする可能性と同時に値下がりする可能性もある。両方の可能性に関する情報を収集すべきであった。

　「B社株式は急落を始め、悪いニュースも聞こえてくるようになった」にもかかわらず、「相変わらず値上がりする根拠となる情報を収集」しているのは「認知的不協和」というバイアスである。自分の判断に反する事実を受け入れにくくなり、都合の良い思い込みを続けてしまうバイアスである。

　また、現在保有しているB社株式に実態よりも高い価値を感じているのは「保有効果」というバイアスである。

(3) サンクコスト（埋没費用）バイアス、アンカリング効果の例

　Y氏は1年前にA社株式、B社株式、C社株式を100万円ずつ購入した。現在、各々120万円、80万円、30万円になっている。

Y氏のポートフォリオ

銘柄	1年前	現在	判断
A社	100万円	120万円	利益確定売り
B社	100万円	80万円	損切り
C社	100万円	30万円	塩漬け

　そこでY氏は、

運用利益を確定するためにA社株式を売却した（利益確定売り）。

これ以上の損失を回避するためにB社株式を売却した（損切り）。

　C社株式も損切りしたかったのだが「売却のタイミングを逃してしまった」「今、

売却すると大きな損失が確定してしまう」「株価が回復するまで保有し続けるしかない」と売却をあきらめ、保有し続けることにした（塩漬け）。

　しかし、その結果Y氏のポートフォリオはC社株だけになってしまった。Y氏はそこでこう思った。「何でC社株式なんか保有しているのだろう？」

　Y氏は過去の「100万円で購入した」という経緯だけで、保有するか売却するかを決定している。これがサンクコスト（埋没費用）バイアスである。

　また、過去に購入した金額の100万円を「最初に提示された価格」とみなすとアンカリング効果が働いている考えることもできる。

サンクコスト（埋没費用）バイアス、アンカリング効果による思考

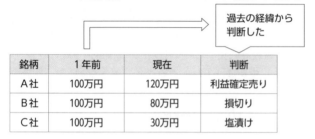

銘柄	1年前	現在	判断
A社	100万円	120万円	利益確定売り
B社	100万円	80万円	損切り
C社	100万円	30万円	塩漬け

　その結果、Y氏が「何でC社株式なんか保有しているのだろう？」という納得のいかないポートフォリオになってしまったのだ。

　保有し続けるか否かの判断は、いくらで買ったかという過去の経緯は無視して、「将来値上がりするか否か」で保有・売却を判断するのが合理的である。

　A社株式は今後も上昇すると予想するのであれば保有し続けるべきだし、B社株式・C社株式ともに今後は値下がりすると予想するのであれば売却するのが合理的である。

合理的な思考

銘柄	1年前	現在	1年前の予想	判断
A社	100万円	120万円	値上がり	保有
B社	100万円	80万円	値下がり	売却
C社	100万円	30万円		

　このように過去のいきさつは無視するほうが合理的なのだが、このサンクコスト（埋没

費用）バイアスは非常に強く、多くの人が抱える問題である。投資のプロも理解してはいるはずなのだが、業績評価の面からサンクコストを無視することが難しいという背景もある。

　損切り（売却）すべきか、塩漬けする（保有し続ける）べきかは今後の予想次第で、一般的にこうするのが正しいという絶対的なルールは存在しない。

　しかし、長期分散投資を前提にするならば、「（塩漬けを含む）長期保有」が原則と考えるべきという意見が一般的である。損切りは、売買タイミングを重視した運用（「安値で買い、高値で売る」を繰り返す運用）に分類できるが、投資成果の大勢は「アセットアロケーション（Asset allocation）」が決定するという研究報告（下記参照）がある。アセットアロケーションとは、「どの市場（日本株式市場、米国株式市場、日本債券市場、米国債券市場等）に分散投資するか」であり、市場分散とも呼ばれる。

　これに対して、市場内の分散投資、例えば日本株式市場で三井物産、NTT等の個別銘柄への分散投資は銘柄分散と呼ばれる。

資産運用とアセットアロケーションの考え方

アセットアロケーションとは　〜ポートフォリオとの違い〜

（略）

　一般的には資産運用の方針はアセットアロケーションによって決まります。さらに言えば、資産運用の成績を決定する要因で最も大きいものは銘柄選択や売買タイミングではなく、このアセットアロケーションだと言われています。実際、米国で91の年金基金の運用を行ってきたBrinsonらが検証したところによれば、**投資の成果の要素は約94％がアセットアロケーションによるものであり、個別銘柄選択や売買タイミングによるものはわずか数％である**という結果が出ています。（出典：Gary P. Brinson, L. Randolph Hood, Gilbert L.Beebower "Determinants of Portfolio Performance"Financial Analyst Journal 1995.1）

（略）

出所：日本証券業協会ホームページ

(4) 現状維持バイアスと長期保有の合理性は矛盾しない ——

　現状維持バイアスは長期保有の合理性と矛盾しない。現状維持バイアスは、現状を変更したほうが有利だと知りながら、面倒なのでそのまま放置することである。前記の塩漬けにしたＣ社株式に関して、今後も株価が回復する見込みはないと予想しているにもかかわらず保有し続けるのであれば、現状維持バイアスといえるだろう。

　一方、長期保有は、短期的な値動きからのリターンを狙って売買を繰り返すのではなく、企業の獲得する利益を根拠として保有するのである。決して思考停止・惰性からの行動ではないし、現状維持バイアスが長期保有を否定するものでもない。

❹ 収益獲得後のバイアス

〔図表３−13〕収益獲得後のバイアス

メンタル・アカウンティング（あぶく銭効果）	毎月の給与に関しては節約して貯蓄に励む人でも、ギャンブルや宝くじの賞金は浪費しやすい傾向。あぶく銭効果ともいう。 　預金残高はその発生源とは無関係のはずなのに、心理的に結びつけて、異なる扱いをしてしまう。

　メンタル・アカウンティング（あぶく銭効果）は、前述のプロスペクト理論の価値関数からも説明できる。

　せっかく確保した利益をぞんざいに消費してしまうことは、損失回避性とは整合性がな

〔図表３−14〕プロスペクト理論の価値関数

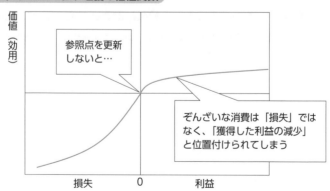

価値（効用）

参照点を更新しないと…

ぞんざいな消費は「損失」ではなく、「獲得した利益の減少」と位置付けられてしまう

損失　　0　　利益

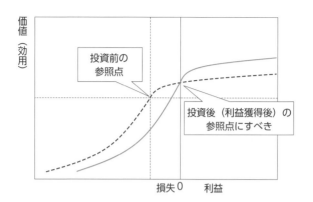

いように思われる。これは参照点の更新が行われていないことに起因すると理解されている。

　参照点を更新しないと「ぞんざいな消費」は損失ではなく、「獲得した利益の減少」と位置付けられるため、損失回避性が働かないことになる。

　これを防ぐには、投資後に獲得された利益を「新たな参照点」として更新すればよい。すると「利益の減少」ではなく「損失の発生」と認識が変わる。そうすれば損失回避性からぞんざいに消費することを防げる。

　参照点設定の任意性が、ここでも投資家の不可解に思える選択・行動を説明できる。

❺ 確率に関するバイアス

〔図表3－15〕確率に関するバイアス

確率加重関数	「低い確率に対しては、それよりも高いものとして感じる傾向」「高い確率に対しては、それよりも低いものとして感じる傾向」のこと。この要因を数値化したものを確率加重関数と呼ぶ。

　以下は、カーネマンの「低い確率を過大評価する傾向」の実験から改題したものである。

問1　どちらを選びますか？
　　A　確率0.1%で3,000万円を得るが、確率99.9%で何も得られない。
　　B　確実な3万円を得る。

問2　どちらを選びますか？

　　C　確率0.1％で3,000万円失うが、確率99.9％で何も損しない。

　　D　確実に3万円を失う。

問1ではA、問2ではDを選択する傾向が強いそうである。これは前述の反転効果「利益領域では確実さを、損失領域では不確実性を選択する傾向」と真逆の結果である。問1は宝くじの購入、問2は保険の加入の問題でもある。

問1　宝くじを買いますか？

　　A　（宝くじ代金3万円を支払って）確率0.1％で3,000万円を得るが、確率99.9％で何も得られない。

　　B　（宝くじを買わないで）3万円を手元に持つ。

問2　保険に入りますか？

　　C　（保険に加入しないで）確率0.1％で3,000万円失うが、確率99.9％で何も損しない。

　　D　（保険料を支払って）確実に3万円を失う（だけで済む）。

　これは確率が非常に低い領域（確率0.1％）では、統計的な意味合いよりも「現実に起こりうる」と受け止められる心理的傾向から説明できる。

　だから日本人は宝くじを買うし、生命保険に加入する。実際にはこの確率よりも不利な条件が提示されているにもかかわらず、である。

　逆に、確率が高い領域では統計的な意味合いよりも「現実にはそう起きない」という心理的傾向が存在する。これをプロスペクト理論の確率加重関数と呼ぶ。

　過大評価と過小評価が逆転する、客観的な確率は約35％とされている〔図表3－16〕。

【不確実性の存在から生まれる心理】

　「確率が0％から5％ずつ増えて100％に至る」過程において、「0％から5％」になる過程と「95％から100％」になる過程には決定的な違いがある。いずれも「不確定」から「確定」に変わる瞬間である。

　「絶対に助かります（死にません）」と「95％助かります（5％は死にます）」では隔絶した違いがある。後者には死という事態が存在するからだ。

　同様に「絶対に助かりません（必ず死にます）」と「95％死にます（5％は助かります）」

〔図表 3 −16〕 プロスペクト理論の確率加重関数

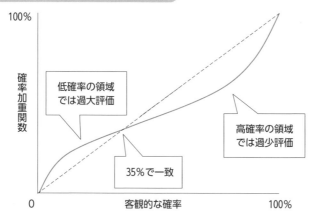

にも隔絶した違いを感じるはずだ。後者にはわずかな望みが存在するからだ。

しかし、この世に100％は存在しない。表現によって感じる安寧の大きさの違いといったところだろう。

確率に関する勘違い（認知バイアス）の例1

　サイコロで⊡（1の目）が連続10回出たら、次に⊡が出る確率は6分の1より低い？

　「⊡が出る確率が6分の1」とは、60回投げると10回⊡が出ることだから、最初に10回連続で⊡が出ると、残り50回では⊡が出にくくなるはずというのは勘違いであり、実際は、「残り50回も⊡が出る確率は6分の1のまま」あるいは「⊡が出る確率は6分の1より大きい」である。

　⎡正解その1⎤　サイコロが正確に作られており、どの目の確率も6分の1の場合、残り50回も⊡が出る確率は6分の1のまま

誤解している人：「それでは60回中、10回以上⊡が出てしまうではないか」。

　その通り、10回以上⊡が出てしまうことになる。「⊡が出る確率6分の1」は常に試行回数の6分の1だけ出現するわけではない。

誤解している人：「試行回数が多くなると6分の1に近づくはずだ。⊡が連続10回出たらそれ以降の出現確率が6分の1以下にならないと全体で6分の1に近づかないだろう？」

「試行回数が多くなると6分の1に近づくはず」は正しい。勘違いしているのは近づき方だ。この後、出現確率が6分の1以下になって近づくのではなく、出現確率が6分の1のままで近づくのである。具体的な計算で追っていこう。

最初10回連続で「⊡」が出た。⊡が出る確率は100%だ。その後、さらに600回サイコロを振ったら100回⊡が出る可能性が高い。合計610回のうち110回⊡が出た。確率は110/610＝18.03％だ。

さらに6億回サイコロの目を振ろう。⊡は1億回出る可能性が高い。⊡の出る確率は1億110回/6億610回≒16.67％だ。ほぼ6分の1だ。

そもそもサイコロは過去を記憶できない。「過去連続10回⊡を出したから、次は⊡を出すのを控えよう」などとは振る舞えないのである。

正解その2　サイコロは不正確に作られており、⊡が出る確率は6分の1より大きい

こちらのほうが現実的である。悪意はなくても完全に正確なサイコロ（神のサイコロ）は存在しない。「⊡が連続10回出たから、⊡が出る確率は6分の1より高いサイコロではないか」と考えるのは合理的である。

いずれにしても「サイコロで⊡が連続10回出たら次に⊡が出る確率は6分の1より低い」という推論は合理的ではない。

確率に関する勘違い（認知バイアス）の例2

くじ引きの当たる確率が5％（20分の1）なら、20回引けば必ず当たる？

これも有名な「確率に関する勘違い」である。

「確率が5％」→「20回に1回」→「20回引けば当たる」という連想であるが、実際には20回引いても当たらない確率は約36％である。「当たらない確率」が案外大きいので、知らない人はビックリする。具体的な計算で追っていこう。

20回引いても1回も当たらない確率を計算する。

1回目に当たらない確率は $1-5\% ＝95\%$

2回目も当たらない確率は $(1-5\%)^2 ≒90.3\%$

$$\vdots$$

20回目も当たらない確率は $(1-5\%)^{20} ≒35.9\%$

確率に関する勘違い（認知バイアス）の例3

国民の0.2％が感染する感染症について精度99％の検査で陽性（感染が疑われる）となったら感染している確率は99％？

これも有名な「確率に関する勘違い」である。

国民が1億人いるとしよう。感染者はその0.2％で20万人、非感染者は9,980万人である。検査精度99％だから、感染者20万人に検査を実施すると99％である19.8万人が陽性（感染の疑いあり）、0.2万人が陰性、つまり感染しているにもかかわらず感染していないと誤診される。非感染者9,980万人全員に検査を実施するとその99％である9,880.2万人は陰性（感染の疑いなし）、のこりの99.8万人が陽性、つまり感染していないにもかかわらず感染していると誤診される。具体的な計算で追っていこう。

国民1億人全員にこの検査を実施すると…

感染者で陽性となる19.8万人と非感染者で陽性となる99.8万人がいる。だから「検査で陽性と出て、本当に感染している人の割合」は

$$\frac{19.8万人}{（99.8万人＋19.8万人）} ≒ 16.6\%$$

つまり、99％精度の検査で陽性と判定されたからといって、99％の確率で感染しているわけではない。

第3章

行動ファイナンスの活用

『第3節 さまざまなバイアス』で、普通の人間が陥りがちなバイアス（不合理な行動）の存在について学んだ。本節ではこのバイアスへの対処法について解説する。

対処法は二つに大別される。一つはバイアスを抑制・矯正する方法である。もう一つはバイアスを抑制するのではなく、逆に有効活用する方法である。

❶ バイアスを抑制・矯正する

バイアスの抑制・矯正には、

Step 1 自分に潜むバイアスを認める

Step 2 バイアスが出現したら、これを抑制・矯正するように努める

という局面がある。これは一人で行うより、コーチ役に協力を求めることが効果的である。スポーツ、勉強、ダイエット等、一人でも達成可能であるが、コーチ役がいたほうが効果も効率も大きいことは想像に難くないだろう。コーチの必要性は、初心者であるか、経験者・上級者であるかを問わない。プロスポーツ選手には必ずコーチがおり、プロの音楽家にも指導者が必要であることからもわかるだろう。

ここではコーチ役を果たすべき金融機関側からの対処法を説明していくこととする。

（1）金融商品の選択肢が多すぎて決められない ───

これは顧客が受け止めきれないほど情報過多にさらされたときに生じやすい決定麻痺の状況である。どれにするか決めきれない顧客に対して、こういうものもありますといって、気に入るものが見つかるまで次々と商品を紹介しても、ますます決定麻痺の状態を悪化させるだけである。

適切なコーチングとしては、選択肢を適切に減らすことを心掛けるべきである。選択肢に重複があれば減らし、分類・グループ化によって選択肢を制限しながら徐々に絞り込ん

でいく、つまり多くの選択肢から一度に選ぶ状態を避けることが望ましい。

　例えば、アクティブ運用の株式投信の一つひとつについて詳細な説明をする前に、日本株式型・米国株式型・国際株式型のいずれにするかを決めてもらい、次に選んだカテゴリー内のどの投資信託にするかというように、決定のステップを分けることによって選択肢を減らし、決定麻痺になりにくいようにコーチングすることが望ましい。

　その他、初めて資産運用を始める方向けには、NISA のつみたて投資枠で対象となっている投信の中から選択するというのも（ベストな選択として納得を得られるとは限らないが）、一つの方法として考えられるだろう。

　また、決定麻痺に陥って運用開始を遅らせることの影響の大きさも説明しておくべきであろう。特に NISA のつみたて投資枠のように毎月積み立てて資産運用する場合、始める時期は早いほど効果的であること、資産運用の選択肢は途中でも変更可能であることなどがポイントとなるであろう。

(2) 市場の下落局面に遭遇して資産運用をあきらめてしまう ──

　これは双曲割引として解説した心理的傾向である。資産形成という長期的な目標よりも、短期的な株価下落による損失を重視してしまったことになる。

　この事態を回避するため、コーチ役は、相場の下落はこれまでも起こっていること、および、それでも長期的な成果が実現されていることを過去の実績（統計）に基づいて事前に説明しておくことが効果的である。「下落の可能性もあります」という定性的な表現では、下落局面に遭遇した投資家に対して説得力を持ちにくい。また「下がった株価もいつかは回復します」という説明は金融サービス提供法上も適切ではない。

　この統計として GPIF（Government Pension Investment Fund、年金積立金管理運用独立行政法人）の運用実績などが参考になる〔図表 3 −17〕。

　GPIF の具体的なリターンの目標は、「年金積立金の長期的な運用目標＝賃金上昇率＋1.7％」としている。20年超の名目平均運用利回りは 3 ％を上回っており、見事に目標を達成している。この GPIF も2007年〜2008年に10％以上損失が生じている。個人投資家はこの 2 年間をやり過ごすことができるか（投資を継続できるか）が長期的な資産運用を実現する鍵となったことだろう。「株式相場の下落が起きたときにどうするか」について、下落相場に遭遇する前の冷静な状態で決めてもらう。もちろん、「保有し続けるべきか、損切りするか」の最終的な判断は顧客自身が決めてもらわねばならない。

　さらに、株式相場の下落が起きたときにどうするかを決めるときには、必ずコーチ役に相談することを勧めておこう。なかなか冷静になれないときに一人で合理的な行動を選択

第3章

〔図表3−17〕 GPIFの運用実績

（単位：％）

年度	名目運用利回り	名目賃金上昇率	実質利回り
2001	1.94	▲ 0.27	2.22
2002	0.17	▲ 1.15	1.34
2003	4.90	▲ 0.27	5.18
2004	2.73	▲ 0.20	2.94
2005	6.83	▲ 0.17	7.01
2006	3.10	0.01	3.09
2007	▲ 3.53	▲ 0.07	▲ 3.46
2008	▲ 6.86	▲ 0.26	▲ 6.62
2009	7.54	▲ 4.06	12.09
2010	▲ 0.26	0.68	▲ 0.93
2011	2.17	▲ 0.21	2.39
2012	9.56	0.21	9.33
2013	8.23	0.13	8.09
2014	11.62	0.99	10.53
2015	▲ 3.64	0.50	▲ 4.12
2016	5.48	0.03	5.45
2017	6.52	0.41	6.09
2018	1.43	0.95	0.48
2019	▲ 5.00	0.70	▲ 5.66
2020	23.98	▲ 0.51	24.62
2021	5.17	1.26	3.86
2022	1.42	1.67	▲0.25
平均	3.60	0.01	3.59

出所：GPIF ホームページ

するのは難しいからだ。

　こうした事前の説明は投資方針書として文書化して保存しておくことが望ましい。そうでなければ、せっかくのバイアスを回避するための事前準備が、いざというときに無駄になる可能性があるからだ。このような非常事態に即したときに非合理な行動を抑制する仕組みをコミットメント・デバイスという。

❷ バイアスを有効活用する

（1）ナッジとは

　これまでの解説では、バイアスは「不合理性の現れ」で排除すべきものであった。しか

し、ナッジはバイアスを否定せずそのまま利用して、社会的に望ましい行動に変えようとするものである。

有名なナッジの例としてイギリスの環境保全団体「ハバブ財団（Hubbub Foundation）」の「タバコの吸い殻を使った投票箱」がある。「ロナウドとメッシ、どちらが上か」という投票箱で、タバコの吸殻を入れることで投票するようにした。前面がガラス張りになっており、どちらが優勢かわかるようになっている。目的はタバコのポイ捨ての防止なのだが、「吸い殻を捨てないで」という看板より大きな効果があったそうだ。

健康のために、エスカレーターではなく階段利用を促進する方法として、階段をピアノの鍵盤に見立てて、階段を利用すると音がなる仕掛けを作った例がある。これはフォルクスワーゲン社による取り組みである。

またナッジは、日本でも国や地方自治体の政策に積極的に応用され、成果を上げている。

以下は環境省のレポートであるが、国としての成長戦略・骨太方針に「ナッジ」という言葉が掲げられている様子がわかる。

ナッジの具体例として、環境省のホームページに「八王子市のがん検診受信を呼びかける案内状の工夫」が紹介されている。わずかな案内文の表現の違いだけで受診率を向上させる可能性を示したものである。

第3章

ナッジ等の行動インサイトを活用した行動変容の促進

- ナッジ（nudge：そっと後押しする）とは、行動科学の知見（行動インサイト）の活用により、「人々が自分自身にとってより良い選択を自発的に取れるように手助けする政策手法」
- 人々が選択し、意思決定する際の環境をデザインし、それにより行動をもデザインする
- 選択の自由を残し、費用対効果の高いことを特徴として、欧米をはじめ世界の200を超える組織が、あらゆる政策領域（SDGs & Beyond）に行動インサイトを活用
- 我が国では2018年に初めて成長戦略や骨太方針にナッジの活用を環境省事業とともに位置付け（2019年の成長戦略、骨太方針、統合イノベ戦略、AI戦略等にも位置付け）

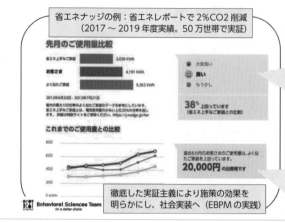

出所：環境省ホームページ「ナッジとは？」

(2) ナッジの具体例

　八王子市は大腸がん検査キットを市民に送付するにあたり、2通りの案内状を用意し、どちらの受診率が高くなるかの実験を行った。

　パターンAは「今年度受診すれば、来年度も検査キットを受け取れる」と「お得感」に訴えるパターン。そして、パターンBは「今年度受診しなければ、来年度は検査キットを受け取れない」と「損失感」に訴えるパターン。

　プロスペクト理論によれば損失回避を想起させるパターンBの案内状のほうが「反応が大きく受診率が高まる」と予想され、結果、プロスペクト理論の予想通り、パターンBのほうが受診率が高かった。案内状の文面を変えるだけで受診率を向上できることがわかる事例であった。

パターンA	パターンB
$\dfrac{受信者数399名}{発送数1761名}$＝受診率22.7%	$\dfrac{受信者数528名}{発送数1767名}$＝受診率29.9%

〔図表3－18〕東京都八王子市がん検診受診率改善の事例

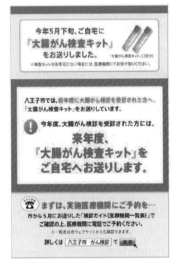

パターンA
利得フレームメッセージ

パターンB
損失フレームメッセージ

出所：環境省ホームページ　社会の課題解決のために行動科学を活用した取組事例
健康・医療分野（がん検診受診率改善）：東京都八王子市／（株）キャンサースキャンの取組

プロスペクト理論の価値関数

価値（効用）

お得感よりも…

損失感のほうが大きい。

損失　　　0　　　利益

❸ ゴールベースの投資アドバイス

　資産形成におけるナッジとして、ゴールベースの投資アドバイスがある。応用の対象となるバイアスはメンタル・アカウンティング（あぶく銭効果）である。

　本来のメンタル・アカウンティングは「労働によって得たお金を大事にする人でも、たまたま手にしたお金は浪費しがち」という心理傾向である。

　この傾向を使って、無駄遣いをやめて貯蓄するように誘導することが可能になる。バイアスの存在を前提とした最適なポートフォリオというものに対する解答の一つが、ゴールベースの投資アドバイスである。

　まず、何のために貯蓄するのか（目的、ゴール）を具体的に設定する。

　有名なのは米国で「毎月の貯蓄をする封筒に子どもの写真を付けたところ貯蓄率が上昇した」というものである。これはメンタル・アカウンティングによるナッジである。ゴールを明確に意識させるほど実行力が上昇する。

　ゴールを設定するだけなら単なるライフプランと変わらない。ゴールベースの特徴は、そのゴールの特性毎に許容されるリスク、リスク回避度を決めることにある。

　子どもの進学資金や老後の生活資金の確保は、生活の安心を確保するためのゴールで、許容リスクは低く（リスク回避度は高く）設定される。

　一方、海外旅行に行きたい、新車を購入したいというゴールは、希望を実現するためのゴールなのでリスク許容度は高く（リスク回避度は低く）設定される。

　このような資産管理の効果は、相場が下落した場合の受け止め方に現れる。資産全体を一つと見ていると損失が生じた場合、漠然とした恐怖にとらわれ、双曲割引バイアスにより投資から撤退したくなる誘惑にさらされる。ゴール別にリスク許容度を設定して管理している場合、損失が発生した場合でも「海外旅行が怪しくなるだけ」、「子どもの進学資金に影響はない」と冷静に受け止めることができる。

第 **4** 章

投資アドバイスの基本

第1節

個人のリスク資産投資と金融リテラシー

❶ 「広く国民に株主になってもらう」ことの社会的意義

「広く国民に株主になってもらう」ことは、国民の資産形成という経済的な利益の追求だけが目的ではない。「株式市場の民主化」は第2次大戦後の日本におけるGHQの課題の一つであった。現在でもその目標は変わらない。

株式市場に対する公的機関による下支え等の介入が「一部富裕層向けの不当な厚遇ではないか」という批判がある。これも国民の大部分が株式投資をするようになったら「株式市況の低迷を放置するな」という批判に変わる可能性がある。また、株式市場が一部の個人や団体に占有されていると、その個人や団体の価値観にそって株式会社は運営されることになる。国民全体に広く株主になってもらえれば「独善的な株主」や「利益偏重の株主」に株式会社が支配されることはなくなることが期待される。

株主という強い立場から株式会社の経営者に対して「こういう会社であってほしい」という要望を実現するためにも「広く株主になってもらう」ことが重要になってくる。国民が株式市場に注目することで、株式会社という存在を監視し、株式会社を健全化することにつながる。

SDGs（持続可能な開発目標：Sustainable Development Goals）が国連で掲げられている〔図表4－1〕。これに呼応するように、株式市場でもSDGsに賛同・重視する企業に投資する株式ファンド（グローバルSDGs株式ファンド）が運営されている。株式会社の経営側もこれに呼応するようにCSR報告書を作成・公表するようになっている。CSRとは企業の社会的責任（Corporate Social Responsibility）のことで、経済的観点ではなく、企業がいかにして倫理的にも社会貢献していくかを課題としている。社会に存在意義を認めてもらうことで、自らの永続性を確保しようとしている。

〔図表4－1〕SDGs（持続可能な開発目標）17の目標

1	貧困をなくそう	11	住み続けられるまちづくりを
2	飢餓をゼロに	12	つくる責任、つかう責任
3	すべての人に健康と福祉を	13	気候変動に具体的な対策を
4	質の高い教育をみんなに	14	海の豊かさを守ろう
5	ジェンダー平等を実現しよう	15	陸の豊かさも守ろう
6	安全な水とトイレを世界中に	16	平和と公正をすべての人に
7	エネルギーをみんなにそしてクリーンに	17	パートナーシップで目標を達成しよう
8	働きがいも経済成長も		
9	産業と技術革新の基盤を作ろう		
10	人や国の不平等をなくそう		

❷ 投機ではなく投資を　～「株式を買う」と「金を買う」の違い～

第4章

　投資と投機の違いは重要である。一般に「投資は推奨される行為」で、「投機は戒めるべき行為」と説明される。では「株式を買う」のは投資だろうか、投機だろうか。それは買った人の行動次第である。株式を買う行為も投資だったり、投機だったりする。要は「何を売買するか」ではなく「どう売買するか」で「推奨される投資」と「戒めるべき投機」に分かれるのである。

　株式を買うのは「農地を買って地主になり、耕作者に任せる」行為となぞらえることができる。毎年、農地には収穫があり、消費者には農産物を提供し、農業従事者には給料を払い、残った利益は地主（株主）のもの（株式配当）になる。農地を買うことは、地主（株主）の利益だけでなく、多くの人に食料を供給することにつながる〔図表4－2〕。

　「自動車会社の株式を買って株主になる」場合も同じである。自動車会社の株式を買って、経営者に任せると、自動車が生産され、消費者には自動車を提供し、従業員には給与、経営者には報酬が支払われ、残りが株主の配当原資となる。こう考えると、株式会社は株主の利益だけの存在ではないといえる〔図表4－3〕。

　一方、金1kgを購入した場合を考えてみる。金1kgは1年経っても何も生産されず、金1kgのままである。だれかに給与を支払うこともなく、買った人に配当ももたらさない。ビットコイン等の暗号資産や先物・オプション（デリバティブ）も金取引と同じである〔図表4－4〕。

　では、「株式を買う」のは投資で、「金を買う」のは投機なのだろうか。そうではない。「金」は何も生産しないが「価値を保存する」という優れた機能がある。古代から現在まで、時間や空間、文化の違いを越えて「金には価値がある」というイメージを保ち続けて

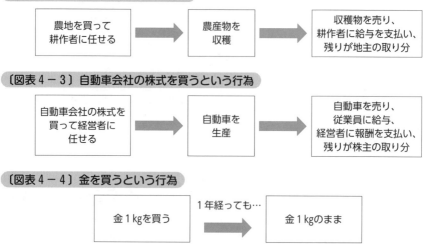

〔図表4-2〕 農地を買うという行為

| 農地を買って
耕作者に任せる | → | 農産物を
収穫 | → | 収穫物を売り、
耕作者に給与を支払い、
残りが地主の取り分 |

〔図表4-3〕 自動車会社の株式を買うという行為

| 自動車会社の株式を
買って経営者に
任せる | → | 自動車を
生産 | → | 自動車を売り、
従業員に給与、
経営者に報酬を支払い、
残りが株主の取り分 |

〔図表4-4〕 金を買うという行為

| 金1kgを買う | 1年経っても… → | 金1kgのまま |

いる。まさに「金は永遠の資産」といえる。資産価値が著しく下落することはないことを期待して、金を買って保有し続ける場合、その行為は決して「戒めるべき投機」とはいえない。

　逆に、農地を買う行為や株式を買う行為も、買った人次第では投資にも投機にもなり得る。農地を買った人が、収穫を待たずに「もっと高く買ってくれる人はいないか」と探し回り、1週間後に農地を売り渡してしまったら、これは投資ではなく投機とみなすことができる。投機する人は、そもそも農地を買う前から高く売れることを期待して農地を探し回っているはずだ。これでは、農地を任された耕作人も落ち着いて農作業ができない。株式を買う行為も同様である。「短期で値上がりする株式はどれか」を探し回り、「買ったらすぐ売る」を繰り返す行為は、投資ではなく投機とみなすべきだろう。すなわち、

○投資とは「投資による成果」を期待して、長期的に保有すること
○投機とは「短期的な値動き」からの利益を期待して、短期の売買を繰り返すこと

といえそうだ。したがって、長期的な資産形成を目的として推奨されるのは投機ではなく投資ということになる。では短期売買を繰り返す投機を禁止すべきかという話になるが、市場全体からみると投機にも「市場の流動性（売買取引量）を確保する」という重要な役割が一定程度あるため、一概に禁止すべき行為とはいいきれない。もし投機する人が存在せず、ずっと保有している人ばかりだと、新たに投資したい人が現れても「だれも売って

くれない」ことになる。また投資した人が「そろそろ売りたい」と考えても、「だれも買ってくれない」となり、せっかくの投資成果を現金化できないということになる。

コラム	投機と依存症

　ギャンブル（賭博）は「娯楽」である。消費であって投資でも投機でもない。消費なので「生活を支えること」や「資産形成に役立てること」はできない。

　日本でもカジノ（バカラ、ルーレット等の賭博）をメインとしたＩＲ（統合型リゾート）を建設しようという動きがある。これは、外国人観光客向けの遊園地である。外国人観光客の増加に寄与するのではないかという期待と、ギャンブル依存症者を増やす原因になるのではないかという危惧の両方の意見がある。

　依存症はギャンブルだけでなく、さまざまな生活習慣に関連して発生する。アルコール依存症、薬物依存症、スマホ依存症、ゲーム依存症……。いずれも本人の精神・身体を蝕むにとどまらず、家族も困難な状況に巻き込んでしまう。じつは、投機も依存症に陥ることがある。

- 仕事中も相場が気になって、何度も席を外してスマホで確認する
- 相場が気になって眠れない
- 相場以外のことが考えられなくなり、家族・友人・同僚との関係が破綻する
- 投機のための借入で破産しそうになる

　こういった症状が出たときは、一刻も早く医師による治療を受けるべきである。依存症はれっきとした病気（精神病）で、投薬を含めて医師による治療で改善できるだろう。

---

❸ 国家戦略「貯蓄から投資へ」

（1）資産所得倍増プラン

　「貯蓄から投資へ」は2001年の構造改革からうたわれてきたが、2022年の時点でも依然として米国やユーロエリアと比べて大きく見劣りしている〔図表4−5〕。2022年に**資産所得倍増プラン**が閣議決定された。資産所得倍増プランの目標として以下が掲げられている。

〔図表 4 − 5 〕 家計の金融資産構成

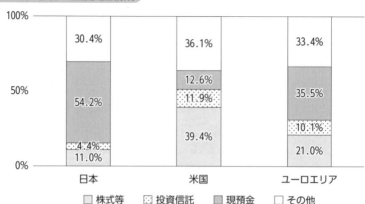

出所：「資金循環の日米欧比較」2023年日本銀行調査統計局より作成

○第一に、投資経験者の倍増を目指す。具体的には、5年間で NISA 総口座数（一般・つみたて）を現在の1,700万から3,400万へと倍増させる

○第二に、投資額の倍増を目指す。具体的には、5年間で NISA 買付額を現在の28兆円から56兆円へと倍増させる。その後、家計による投資額（株式・投資信託・債券等の合計残高）の倍増を目指す

○第一、第二の目標の達成を通じて、長期的な目標として資産運用収入そのものの倍増も見据える

　1960年に池田勇人首相により表明された「実質国民総生産を10年以内に2倍にする」ことを目標とする「国民所得倍増計画」への賛辞、敬意ともいえる。実際、国民所得倍増計画は1970年代まで平均10％の高度成長を実現した。

　資産所得倍増プランの方向性、7本柱の取組みは〔図表 4 − 6 〕のとおりである。このほか、税制措置についても検討することとされている。

（2）顧客本位の業務運営に関する原則

　家計において各々の事情や目的に応じた安定的な資産形成を行うには、金融機関による良質なサービス提供が欠かせない。これまでの「〜をしてはならない」という罰則が想定されたルールベースによる規制に加え、「よりよいサービスの提供を目指そう」というプ

〔図表4－6〕資産所得倍増プランの方向性、7本柱の取組み

① 家計金融資産を貯蓄から投資にシフトさせる NISA の抜本的拡充や恒久化	① NISA 制度の恒久化 ② NISA の非課税保有期間の無期限化 ③一般 NISA・つみたて NISA の投資上限額の増加 ④2024年から施行される新 NISA 制度の取扱い ⑤ NISA の手続きの簡素化
② 加入可能年齢の引上げなど iDeCo 制度の改革	① iDeCo の加入可能年齢の引上げ ② iDeCo の拠出限度額の引上げおよび受給開始年齢の上限の引上げ ③ iDeCo の手続きの簡素化
③ 消費者に対して中立的で信頼できるアドバイスの提供を促すための仕組みの創設	中立的なアドバイザーの認定やこれらのアドバイザーが継続的に質の高いサービスを提供できるようにするための支援
④ 雇用者に対する資産形成の強化	①中立的な認定アドバイザーの活用 ②企業による資産形成の支援強化 ③人的資本可視化指針
⑤ 安定的な資産形成の重要性を浸透させていくための金融経済教育の充実	中立的なアドバイザー制度の創設
⑥ 世界に開かれた国際金融センターの実現	①金融資本市場の活性化 ②金融行政・税制のグローバル化 ③外国籍の高度金融人材を支える生活・ビジネス環境整備
⑦ 顧客本位の業務運営の確保	「顧客本位の業務運営に関する原則」の見直しや必要なルールの整備 運用体制・手法に係る調査研究の実施やベストプラクティスの共有・普及を図る

出所：「資産所得倍増プラン」社会保障審議会 企業年金・個人年金部会（2022年12月7日）より作成

リンシプルベースとして**顧客本位の業務運営に関する原則**が公表された。その内容は〔図表4－7〕のとおりである。

④ 金融リテラシー教育の導入

2001年に始まった「貯蓄から投資へ」の掛け声にもかかわらず、現在のところ十分な変化はみられない。税制を含めた諸制度の整備も重要であるが、同時に幅広い世代向けに金融経済教育を実施する必要があることは認識されている。

金融広報中央委員会（事務局：日本銀行情報サービス局）が行う金融リテラシー調査は、

〔図表4−7〕「顧客本位の業務運営に関する原則」から抜粋

【本原則の採用するアプローチ】
　本原則は、金融事業者がとるべき行動について詳細に規定する「ルールベース・アプローチ」ではなく、金融事業者が各々の置かれた状況に応じて、形式ではなく実質において顧客本位の業務運営を実現することができるよう、「プリンシプルベース・アプローチ」を採用している。金融事業者は、本原則を外形的に遵守することに腐心するのではなく、その趣旨・精神を自ら咀嚼した上で、それを実践していくためにはどのような行動をとるべきかを適切に判断していくことが求められる。

(顧客本位の業務運営に関する方針の策定・公表等)
原則１．金融事業者は、顧客本位の業務運営を実現するための明確な方針を策定・公表するとともに、当該方針に係る取組状況を定期的に公表すべきである。当該方針は、より良い業務運営を実現するため、定期的に見直されるべきである。

(顧客の最善の利益の追求)
原則２．金融事業者は、高度の専門性と職業倫理を保持し、顧客に対して誠実・公正に業務を行い、顧客の最善の利益を図るべきである。金融事業者は、こうした業務運営が企業文化として定着するよう努めるべきである。

(利益相反の適切な管理)
原則３．金融事業者は、取引における顧客との利益相反の可能性について正確に把握し、利益相反の可能性がある場合には、当該利益相反を適切に管理すべきである。金融事業者は、そのための具体的な対応方針をあらかじめ策定すべきである。

(手数料等の明確化)
原則４．金融事業者は、名目を問わず、顧客が負担する手数料その他の費用の詳細を、当該手数料等がどのようなサービスの対価に関するものかを含め、顧客が理解できるよう情報提供すべきである。

(重要な情報の分かりやすい提供)
原則５．金融事業者は、顧客との情報の非対称性があることを踏まえ、上記原則４に示された事項のほか、金融商品・サービスの販売・推奨等に係る重要な情報を顧客が理解できるよう分かりやすく提供すべきである。

(顧客にふさわしいサービスの提供)
原則６．金融事業者は、顧客の資産状況、取引経験、知識及び取引目的・ニーズを把握し、当該顧客にふさわしい金融商品・サービスの組成、販売・推奨等を行うべきである。

(従業員に対する適切な動機づけの枠組み等)
原則７．金融事業者は、顧客の最善の利益を追求するための行動、顧客の公正な取扱い、利益相反の適切な管理等を促進するように設計された報酬・業績評価体系、従業員研修その他の適切な動機づけの枠組みや適切なガバナンス体制を整備すべきである。

出所：金融庁ホームページ

　わが国における18歳以上の個人の金融リテラシー（お金の知識・判断力）の現状を把握するために実施されるアンケート調査で、３年に１回実施される。金融リテラシーといっても、金融業界で求められるような専門用語に対する理解ではなく、日常生活で最低限必要

と思われる常識レベルの知識を問うものである〔図表4-8〕。この金融リテラシー調査によれば、日本は国際比較で大きく劣ることが指摘されている〔図表4-9〕。2022年の正答率は全体平均で55.7%、年齢階層別にみると高齢世代ほど高くなっている〔図表4-10〕。若年層向けの金融リテラシー教育が必要であることがわかる。なお、学習指導要領の改訂により、2022年4月から高等学校における金融経済教育の内容が家庭科などで拡充された〔図表4-11〕。

また、学校外でも幅広く金融リテラシー教育を担う「金融経済教育推進機構」が2024年春に設立し、同年夏頃に稼働が予定されている。同機構の取組は〔図表4-12〕が予定されている。

第4章

〔図表4-8〕「金融リテラシー調査」の抜粋

問題： 預金金利についての理解
問18：100万円を年率2%の利息がつく預金口座に預け入れました。それ以外、この口座への入金や出金がなかった場合、1年後、口座の残高はいくらになっているでしょう。利息にかかる税金は考慮しないでご回答ください。
① 102万円
② 102万円以外

問題： 複利についての理解
問19：100万円を年率2%の利息がつく預金口座に預け入れました。5年後には口座の残高はいくらになっているでしょうか。利息にかかる税金は考慮しないでご回答ください。
① 110万円より多い
② ちょうど110万円
③ 110万円より少ない
④ 上記の条件だけでは答えられない

問題： インフレーションと購買力
問20：インフレ率が2%で、普通預金口座であなたが受け取る利息が1%なら、1年後にこの口座のお金を使ってどれくらいの物を購入することができると思いますか。
① 今日以上に物が買える
② 今日と全く同じだけ物が買える
③ 今日以下しか物が買えない

出所：金融広報中央委員会「金融リテラシー調査2022年」の結果

〔図表4－9〕「金融リテラシー調査」OECD調査との比較（共通9問）

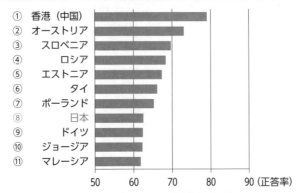

出所：金融広報委員会「金融リテラシー調査（2022年）からみえる金融教育の課題」

〔図表4－10〕「金融リテラシー調査」年齢階層別正答率

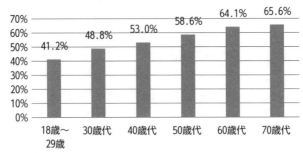

出所：金融広報中央委員会「金融リテラシー調査（2022年）のポイント」

〔図表4－11〕高等学校学習指導要領（平成30年告示）解説　家庭編

（1）生活における経済の計画
ア　家計の構造や生活における経済と社会との関わり、家計管理について理解すること。
　　家計管理については、収支バランスの重要性とともに、リスク管理も踏まえた家計管理の基本について理解できるようにする。その際、生涯を見通した経済計画を立てるには、教育資金、住宅取得、老後の備えの他にも、事故や病気、失業などリスクへの対応が必要であることを取り上げ、預貯金、民間保険、株式、債券、投資信託等の基本的な金融商品の特徴（メリット、デメリット）、**資産形成の視点**にも触れるようにする。

出所：高等学校学習指導要領（平成30年告示）解説　家庭編から一部抜粋

〔図表 4 −12〕 金融経済教育推進機構における取組み

①顧客の立場に立ったアドバイザーの普及・支援
　中立的立場にある機構において、特定の金融事業者・金融商品に偏らないアドバイスを行うアドバイザーを認定・支援し、顧客が気軽に相談できる環境を整備。

②金融経済教育活動の重複排除・抜本的拡大
　官民一体で設立する新組織によって、官民のさまざまな主体による活動の重複を解消。それぞれが蓄積してきたノウハウを集結させ、企業の雇用者向けセミナーや学校の授業への講師派遣事業を全国において拡大。

③金融経済教育の質の向上
　機構において、認定アドバイザー向け養成プログラムを提供。官民の各団体が有するノウハウを結集し、分野横断的な教育を行えるよう、アドバイザーの知識習得の機会を担保。

④教材・コンテンツの充実
　官民の各団体が有するノウハウを結集し、幅広い分野を横断的に網羅した教材を開発・周知。例えば、金融トラブル分野における最新事例を網羅できるよう、タイムリーな更新を行い、教育効果を向上。

⑤個人の悩みに寄り添ったアドバイスの提供
　機構において、認定アドバイザーによる「家計管理」「ライフプラン」「資産形成」等に関する個別相談を実施し、個々の状況に応じたアドバイスが得られる環境を整備。

⑥調査・統計を踏まえた戦略的な教育の展開
　教育活動の目標やKPIを設定するほか、金融経済教育を受けた方の意識や行動変容の状況を含む実態調査を実施。PDCAサイクルのなかで、戦略的な教育のあり方を継続的に追求。

出所：金融庁「説明資料（金融経済教育推進機構について）令和5年11月29日」

第4章

| コラム | 72の法則　お金が2倍になる期間 |

国際的な金融リテラシー調査において、だれもが持つべき金融の基礎知識の1つとして「72の法則」がある。これは「お金が2倍になる期間」を計算する簡便法である。複利の重要性を理解する入口になる。

例）金利3％の複利なら預金（または借金）100万円が200万円になるのに要する期間は、「72÷3＝24年」と計算できる。もちろん「72の法則」は正確ではない。年複利で正確に計算すると、

$$100万円 \times (1＋3％)^{期間} ＝200万円 \quad から \quad 期間＝\frac{\log_e 2}{\log_e(1＋3％)}＝23.4年$$

となる。正確な複利計算が面倒なのに比べ、「72の法則」は簡便である。「72の法則」がどれくらい正確か（どれくらい誤差があるか）が気になるところであろう。金利1％から10％まで「72の法則」と正確な年複利計算を比べると以下のようになる。

金利	72の法則 ①	複利計算 ②	誤差 ③＝①－②	誤差の比率 ③／②
1％	72.0年	69.7年	2.3年	3.4％
2％	36.0	35.0	1.0	2.8％
3％	24.0	23.4	0.6	2.3％
4％	18.0	17.7	0.3	1.9％
5％	14.4	14.2	0.2	1.4％
6％	12.0	11.9	0.1	0.9％
7％	10.3	10.2	0.0	0.4％
8％	9.0	9.0	0.0	▲0.1％
9％	8.0	8.0	0.0	▲0.5％
10％	7.2	7.3	▲0.1	▲1.0％

金利3％以上では、誤差の年数は1年未満である。金利2％以下で誤差の年数が大きいようにみえるが、正しい「複利計算」による年数と比べるといずれも5％未満である。実用上、十分な正確性があるといえそうだ。

第2節
ライフサイクル投資

❶ ライフイベント表から始めるライフサイクル投資

　ライフプランの中心的役割を果たすのがライフイベント表である〔図表4−13〕。家族の年齢毎に、予定・予想されるイベントと支出額を記載する。これを基に必要な資産形成・保険金額を計画していく。ライフイベント表を作成することにより「準備の時間」を確保できる。準備の時間がないというのは、「子どもが高校3年生になってから大学進学資金を考えよう……」「60歳を過ぎてから老後の生活資金を考えよう……」ということである。時間がないと準備ができないため、そのイベント時期がきても「希望通り進学できない」「ゆとりのない老後の生活」となってしまう。

　「準備の時間」を確保することで日々の生活にもゆとりが出てくることになる。例えば、大学進学資金に360万円が必要だとすると、

　　→子どもが生まれたときから18年かけて準備すると毎年20万円

　　→高校進学時から3年かけて準備すると毎年120万円

　　→準備をせず奨学金に頼ると大学卒業時に借金360万円

となり、ゆとりを失っていくことになる。現実には「毎年120万円の貯蓄は不可能だから進学をあきらめる」「就職に失敗して、奨学金の返済ができず、自己破産に追い込まれる」という可能性も生じることになる。

　また、準備の時間は「リスクテイク」につながる。すなわち、「投資によるリターン」を期待できることを意味する。このライフイベント表に基づく資産形成がライフサイクル投資であり、第3章で学んだ「ゴールベースの投資アドバイス」に通じるものである。

〔図表4−13〕ライフイベント表の例

区分	項目	現在	2024	2025	2026	2027	2028	2029	2030	2031	2032	2033	2034	2035	2036	2037	2038	2039	2040	2041	2042	2043	2044	2045	2046	2047	2048	2049	2050	2051	2052
家族の年齢	夫/武夫 イベント	40				44	45				49	50				54	55				59	60	定年・再就職			64	65				69
	妻/晶子 イベント	38		40		42	43				47	48				52	53				57	58				62	63				67
	子/健太 イベント	11 小5		13 中1			16 高1			19 大1				23 就職							30 結婚										40
	子/由利 イベント	9 小3				13 中1			16 高1			19 大1				23 就職					28 結婚										38
	夫の親 父 健夫	67			70					75					80																
	夫の親 母	63		65					70					75					80												
	妻の親 父	70					75					80																			
	妻の親 母	65					70					75					80														
ライフイベント・必要資金	教育資金 健太					160万	110万 中学	110万	130万 高校	130万	130万	180万 大学	120万	120万	120万																
	教育資金 由利						110万	110万 中学	120万 高校	120万	130万	180万 大学	120万	120万	120万																
	住宅資金				取得																							武夫、72歳末で返済 →			
	キャリアプラン			パソコン（晶子、フラワーアレンジメント教室開始（65歳まで））																											
	その他						車					車					車				結婚 結婚	海外 旅行	車								
	必要資金合計																														
	収入予想			贈与 ローン																		退職金									
	備考 検討事項他																														

② リスクテイクの指標 「100−年齢」ルール

　ライフイベント表のイベント毎に残存期間（イベント発生まであと何年か）が決まり、それに応じて許容されるリスクが決まる。そして時間の経過とともにすべてのイベントの残存期間が短くなっていく。それに応じてリスク許容度も下がってくる〔図表4−14〕。

　理論上はこのように考えるべきだが、あまりに複雑・煩雑で実用的ではない。その代替として、米国の投資アドバイザー業界において伝統的に使用されている簡便なルールがある。それが「100−年齢」ルールである〔図表4−15〕。20歳の人なら「100−20＝80」。つまり、資産の80％を株式投資等に向けるという考えである。60歳なら「100−60＝40」で、資産の40％を株式に配分するのが推奨されるというものだ。大まかな目安であるが「若いうちは十分リスクテイクできる。年齢が高くなるとリスクテイクを減らしていく」というライフサイクル投資の発想が端的に表現されている。

第4章

〔図表4−14〕 時間の経過とリスク許容度

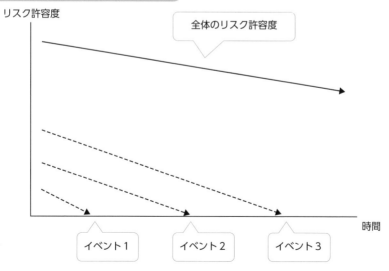

〔図表 4 −15〕「100−年齢」ルール

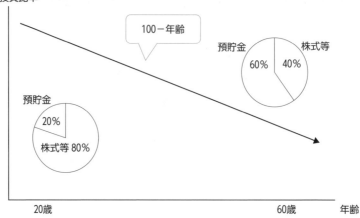

❸ 日本の家計におけるリスク資産の実情

　日本の家計における年齢別リスク資産（株式等＋投資信託）の比率をみると、若いうち
は低く、年齢が高くになるにつれ高くなっている。これはライフサイクル投資の観点から
は逆行しており、望ましいものではない〔図表 4 −16〕。

　また、〔図表 4 −16〕と「100−年齢」ルールを比較してみると、日本では、高齢者層の

〔図表 4 −16〕日本の家計における年齢別リスク資産（株式等＋投資信託）比率

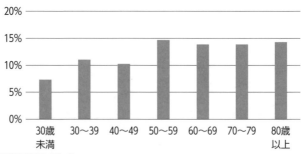

出所：2019年全国家計構造調査から作成

〔図表 4 −17〕 日本の年齢別リスク資産比率と「100−年齢」ルール

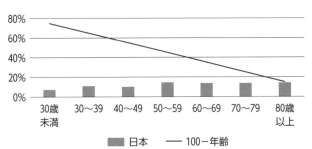

出所：2019年全国家計構造調査から作成

リスクテイクの比率が高すぎるということではなく、ほぼすべての年代でリスク資産の比率が顕著に低いことがわかる〔図表 4 −17〕。この状況を打破しようという試みが、国家戦略「貯蓄から投資へ」「資産所得倍増プラン」である。この構造を改善する長期的対策として「若年層に対する資産形成教育」が重要であることがわかる。

第4章

第 3 節

アドバイスの実務

1 資産全体で考える

> ケース
>
> お客さま「ドル建ての定期預金500万円の購入を考えているのですが」
> 新人職員「こちらが商品のパンフレットになります。ドル建て定期には為替リスクというものがありまして……」
> この新人職員の対応で不足しているのは何でしょうか。

(1) リスクは資産全体で考える

　まず、お客さまの資産総額によって「ドル建て定期預金のリスク」の意味が異なる。資産総額が500万円のお客さまにとってのドル建て定期預金500万円購入と、資産総額が10億円のお客さまにとってのドル建て定期預金500万円購入ではリスクの意味・資産運用の効果が異なる。

　この2人のお客さまについて、さらに購入の目的まで考えると、やはりリスクの意味・資産運用の効果は異なる。例えば、資産総額が500万円のお客さまの購入目的が「1年後の子どもの大学進学資金のための500万円」であるならば、リスクが大きすぎることになる。一方、同様の目的であっても、資産総額が10億円のお客さまにとっては、他にリスク投資がないのであれば、ドル建て定期預金500万円の購入は意味・効果がないといえる。

　結果として、「ドル建て定期預金500万円の購入」によるリスクが大きいか小さいかは、資産全体がわからないと決まらない。もちろん、窓口で「お客さまの資産総額はおいくらですか」と単刀直入に聞くわけにはいかないが、金融機関側が商品説明をする際にも「資産全体で考える」という意識を持つことが重要である。

(2) 金融資産だけでなく、職業も、家族構成も関係する ────

　金融資産が同じ500万円でも「公務員が500万円の預金を保有している」場合と「従業員10名を抱える事業主が500万円の預金を保有している」場合ではリスク許容度が異なる。公務員の場合、一般的に老後の生活資金を含めて安定的と考えることができる。それに対して事業主の場合、長期的に業績が安定と考えるわけにはいかない。また、現在の職業が同じであっても「将来、親の不動産事業を引き継ぐ」場合と「親も公務員で事業承継はない」場合ではリスク許容度が異なるだろう。

　家庭環境・家族構成の要因も大きい。「親と同居で独身の人が500万円の預金を保有している」場合と「結婚して、2人の小学生の子どもがいる人が500万円の預金を保有している」場合では、リスク許容度が異なる。さらに「当面、資金使途は明確ではないが運用したい」場合と、「子どもの大学進学資金に充当したい」場合ではリスク許容度が異なる。お客さまが「500万円で資産運用を考えている」という相談だけに限っても、このように商品選択やリスクの説明には改善の余地があることがわかる〔図表4－18〕。

〔図表4－18〕リスクに影響する各種要因

職業	公務員と自営業では、収入の安定さが違う
収入	収入金額が大きければ、投資金額も大きくできる
資産の状況	富裕層か
事業承継の有無	将来、親の事業を承継するか
投資可能資金額	資産が多くても「工場や田畑」は金融投資に回せない
投資経験の有無およびその程度	何年くらいか、株式投資だけか
取引の目的	教育資金・マイホーム取得の準備、老後の生活資金、相続税対策等

第4章

> **ケース**
>
> お客さま「1,000万円を投資信託で運用したい。なるべくリスクは避けたい。できれ
> ば年間±2％（±20万円）の範囲内に抑えたい」
>
> 新人職員「私どもでご紹介できる投資信託は下記の三つです」
>
> | | 年間変動幅 |
> |---|---|
> | 公社債投信 | ±2％ |
> | 株式投信 | ±20％ |
> | デリバティブ投信 | ±100％ |
>
> 「お客さまのご希望に沿うのは公社債投資信託ですね。こちらがパンフレッ
> トです。低リスクといわれる公社債投資信託と申しましても、さまざまな
> リスクがございます。金利変動リスクにデフォルト・リスク……」
>
> この新人職員の対応で不足しているのは何でしょうか。

「低リスクを希望なら低リスクである商品を」と考えるのならこの方法しかない。

【案1】

公社債投信（±2％）　1,000万円

しかし、次のような案もあるはず。

【案2】

定期預金（±0％）900万円	株式投信（±20％）100万円

この案も「資産全体の変動幅は±2％」という条件を満たしている。しかも定期預金の
部分は流動性（引き出し）も、安全性（預金保険）もある。【案2】の発想を極端化する
と以下のような発想も出てくるはずだ。

【案3】

定期預金（±0％）980万円	デリバティブ投信（±100％）20万円

【案3】は決して「非現実的」ではない。このような発想を活かした金融商品は実在す
る。それは「懸賞付き定期預金」である。懸賞として「宝くじ」を採用したものが有名だ。
このケースも「資産全体でリスクを考える」という発想の応用である。

❷ GPIF　アセットアロケーションのお手本

ケース　アセットアロケーションの実際

　長期的（20年単位）に年率2～3％のリターンを目標としている場合、国内債券、国内株式、外国債券、外国株式という四つの資産を、2022年時点なら何％ずつ組み合わせて運用すればよいか。

国内債券	国内株式	外国債券	外国株式
？％	？％	？％	？％

　iDeCo（個人型確定拠出年金）やDC（企業型確定拠出年金）に加入すると、運営管理機関が選定する運用商品のなかから、どの組合せで運用するのかを加入者が自己責任で決めなくてはならない。加入者は、個々の運用商品のリスク等の説明を受けるものの、その組合比率については、なかなか直接的な数値例を示してもらえないのが現状だ。仮に、提示されたとしても「ハイリスクなら～、ローリスクなら～」という、ここでも複数の選択肢が提示されるだけあろう。もちろん、金融商品取引法や金融サービスの提供に関する法律で禁止されている「断定的判断の提供」につながりかねないので、金融機関側とするといた仕方ないところである。

　これらを承知のうえで「顧客にとって参考になる実例」としてお勧めなのがGPIFである。GPIF（Government Pension Investment Fund）とは、日本の公的年金積立金の運用を担当する年金積立金管理運用独立行政法人のことである。したがって、「必要なリターンを得るための最小限のリスクによる運用」を至上命題としている組織である。具体的なリターンの目標は、

年金積立金の長期的な運用目標＝賃金上昇率＋1.7％

としている。この目標を達成するためのアセットアロケーション（GPIFでは「基本ポートフォリオ」と呼んでいる）は5年ごとに検討・設定される。2006年以後の基本ポートフォリオを示したものが〔図表4－19〕である。

　注目すべきは、運用目標が大きく変わらないにもかかわらず、基本ポートフォリオに大きな変更がなされてきたということだ。2006年からと2020年からの基本ポートフォリオを比べると「国内債券が67％から25％に低下」「国内株式が11％から25％に増加」および

第4章

〔図表4-19〕 GPIFの基本ポートフォリオの変遷

	国内債券	国内株式	外国債券	外国株式	短期資産
2006年度～2009年度	67%	11%	8%	9%	5%
2010年4月～2013年6月	67%	11%	8%	9%	5%
2013年6月～2014年10月	60%	12%	11%	12%	5%
2014年10月～2015年3月	35%	25%	15%	25%	
2015年度～2019年度	35%	25%	15%	25%	
2020年度～2024年度	25%	25%	25%	25%	

出所：GPIFホームページから著者作成

〔図表4-20〕 GPIFの基本ポートフォリオ比較

2006年度～2009年度　　　　　　2020年度～2024年度

「外国債券と外国株式の合計が17％から50％に増加」している。国内向け投資と海外向け投資という観点からみても大きな変更が加えられている〔図表4-20〕。

　2020年度以後の基本ポートフォリオから「今後、目標利益を安全に確保するためには、国内株式が25％、外国投資50％が必要」と考えていることになる。GPIFのような安全・確実な運用を目指していてもこの程度のリスクテイクが必要だと考えられていることは、個人投資家の印象とは大きく異なるのではないだろうか。

　GPIFの運用は資産運用という面からは合理的であろうが、海外への運用シフトは国内の長期的な成長力への期待が縮小していることを意味している。例えば、iPS細胞を利用した医療技術の研究開発のための資金が十分には集まっていない、また、JAXAでは低予算での宇宙開発に苦労している。国内に資金がないのであれば仕方がないが、国内の莫大な資金が海外で運用されている現状を考えると、「資金を必要としているところに資金が集まらない」という日本の金融・経済にも問題があるともいえる。

〔図表 4 −21〕GPIF の運用実績

(単位：%)

年度	名目運用利回り	名目賃金上昇率	実質利回り
2001	1.94	▲0.27	2.22
2002	0.17	▲1.15	1.34
2003	4.90	▲0.27	5.18
2004	2.73	▲0.20	2.94
2005	6.83	▲0.17	7.01
2006	3.10	0.01	3.09
2007	▲3.53	▲0.07	▲3.46
2008	▲6.86	▲0.26	▲6.62
2009	7.54	▲4.06	12.09
2010	▲0.26	0.68	▲0.93
2011	2.17	▲0.21	2.39
2012	9.56	0.21	9.33
2013	8.23	0.13	8.09
2014	11.62	0.99	10.53
2015	▲3.64	0.50	▲4.12
2016	5.48	0.03	5.45
2017	6.52	0.41	6.09
2018	1.43	0.95	0.48
2019	▲5.00	0.70	▲5.66
2020	23.98	▲0.51	24.62
2021	5.17	1.26	3.86
2022	1.42	1.67	▲0.25
平均	3.60	0.01	3.59

出所：GPIF ホームページ

第4章

　〔図表 4 −21〕は2001年度から2022年度までの運用実績である。22年間の運用利回りの平均は名目・実質ともに約 4 ％で、運用目標を大きく上回ることに成功している。注目すべきは2007年度（▲3.53％）と2008年度（▲6.86％）の運用実績である。 2 年間で約10％の損失が発生している。このときに「こんなはずではなかった」と思って投資をあきらめてしまっていたら「22年間の平均利回り3.60％」が得られなかったのだ。「この程度のリスクは現実に起こってきた」ということを理解したうえで長期的な運用と取り組まなければならない。

　もちろん、GPIF どおりのアセットアロケーションにする必要はない。ただ、GPIF の目標利益より高いリターンを望むのであれば、よりリスクの高いアセットアロケーションにする必要がある。また、リスクが高いのだから「 2 年で10％下落」より大きな損失が生じる可能性があることを理解しなければならない。

❸ 分散投資はすべての投資家を満足させない

> 問題
>
> 最も優先すべき「よい金融商品の基準」は何か。

「よい金融商品」といえば、安全性、収益性、流動性といったものを連想されるだろう。しかし、これらの特性はすべて「商品側（だけ）の特性」である。もし、これらの特性だけで決まるのであれば「すべての人にとって最善の金融商品」が決まることになる。

ここで、ポートフォリオ理論が想定する最適ポートフォリオの定義について考えてみたい。その定義は「最適ポートフォリオとは投資家の効用を最大にする投資機会集合」である。この言葉を日常語に置き換えてみると下記のようになる。

最適ポートフォリオ 　→ 　よい金融商品

投資家の効用 　　　　→ 　お客さまの満足度

投資機会集合 　　　　→ 　金融商品

つまり、「よい金融商品とはお客さまの満足度を最大にする金融商品」となる。聞き馴染みのある文章だ。これは顧客満足度（CS、Customer Satisfaction）である。金融商品に限らず、どんな商品・サービスにも共通する定義である。ポートフォリオ理論において最も優先されるべき「よい金融商品の基準」は「顧客満足を最大にする」ことである。冒頭に挙げた安全性、収益性、流動性といった基準はすべて商品側の特性でしかない。優先すべきは「それを投資家が望むか」ということである。

では「投資家が自分の好みで決める」のがベストならば投資アドバイスの役割は小さい、あるいは不要ということになるだろうか。病院での場面を考えてみよう。患者には「どの治療（医療サービス）を受けると満足度が最大になるか」は自分ではわからない。だから専門家としての医師が必要とされる。しかし、どの治療法を選択するかという決定権は患者自身にあることに変わりはない。金融商品においても同じである。顧客のライフプラン（または希望）はあるのだが、それを実現するための保険・資産運用を選択するための知識が不足している。また、顧客の嗜好だけで「合理的に判断できる」とは限らない。「あのとき、保険に入っておけば」「もっと早く資産運用をしておけば」というのは、だれもが経験する可能性がある。このような場面を回避するためにも専門的アドバイスが必要となる。

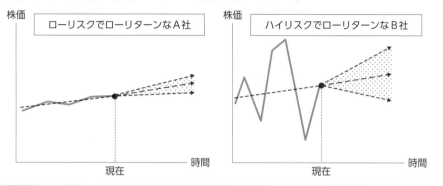

ケース

　リターンは同じローリターンなのだが、リスクの低いA社株式と、リスクの高いB社株式がある。現実の顧客はどちらの銘柄を選ぶだろうか。

第4章

　現実的に答えを出すとすれば「人による」というのが正解だろう。長年株式投資をしてきた経験者ならば「A社は値動きがおとなしくてつまらない。それに比べB社は魅力的だ」と考えるかもしれない。B社がよいと考える投資家をリスク愛好型という。また、A社がよいと考える投資家をリスク回避型という。

　ポートフォリオ理論での正解は「B社よりもA社が優れている」となる。その理由は「リスク（値動きの大きさ）は小さいほうがよい」ことを前提としているからだ。また、ポートフォリオ理論は「投資家はリスク回避型である」ことを前提条件としている。というのは、そもそも分散投資（ポートフォリオ）でできるのは「リスクを小さくする」ことだけだからである。

　現実には両タイプの投資家が存在する。またオプション取引にとっては、リスクは大きいほうが望ましい。しかし、望ましいものに「リスク」という否定的なイメージを持つ名称を付するのは望ましくない。そこで、オプション取引では、リスクではなく「ボラティリティ」という名称を用いることが一般的である（例：日経平均ボラティリティー・インデクス）。

　また、ここまでではチャート、すなわち価格の変動パターンしか考えていない。リスクとリターンの二つだけからどちらを選ぶかを考えることを「2パラメータ・アプローチ」という。しかし、現実の投資家はそれに加えて「銘柄に対する思い入れ」の要素が大きい。例えば、自動車メーカーならば「B社の自動車が好き」という嗜好だ。ポートフォリオ理論が2パラメータ・アプローチでA社を推奨したとしても、B社好きの投資家はB社を買

うことで満足度が高くなるだろう。

> **ケース**
>
> 　投資家Yさんは自動車メーカーB社への思い入れが強い。しかし、B社の業績は同業のA社と比べると著しく劣っており、株価も低い。それでも、Yさんが「B社の株を買いたい」という判断をした場合、その判断は合理性を欠いているのだろうか。
>
> | | A社（好業績） | B社（低業績） |
> | --- | --- | --- |
> | 当期純利益 | 200億円 | 100億円 |
> | 株式数 | 5億株 | 5億株 |
> | EPS（1株当たり利益） | 40円／株 | 20円／株 |
> | 株価 | 800円／株 | 400円／株 |

　資金100万円でA社の株式を買った場合とB社の株式を買った場合を比べてみよう。A社の株価は800円／株なので、100万円で1,250株買える。配当原資であるEPS（1株当り利益）が40円／株だから「40円×1,250株」で5万円となる。A社株式を100万円購入して5万円を得るため、利益率は5％になる。これを「益回り」と呼ぶ。

　一方、B社の株価は400円／株なので、100万円で2,500株買える。EPS（1株当たり利益）が20円／株だから、「20円×2,500株」で5万円になる。B社株式を100万円購入して5万円を得るための、利益率は5％になる。じつは益回りはA社と同じ、つまり、「どちらを買っても同じ」である。したがって、業績の劣るB社株式に投資することが不合理とはいえないことがわかる〔図表4−22〕。

　ここまでは「益回り」を使って説明したが、代表的な株価指標であるPER（株価収益率）を使っても同じことがいえる。PERは益回りの逆数である。PERが同じであるため、A社とB社のどちらを買っても同じ（割高でも割安でもない）ことになる〔図表4−23〕。「業績のよい（当期純利益の大きい）株式を買うべき」というのは理論的には誤りである。

〔図表4−22〕A社とB社へ投資した場合の投資家取分1

	A社	B社
EPS	40円／株	20円／株
株価	800円／株	400円／株
100万円で買える株数	1,250株	2,500株
投資家の取分	40円／株×1,250株＝5万円	20円／株×2,500株＝5万円

〔図表4-23〕 A社とB社へ投資した場合の投資家取分2

$$益回り＝\frac{EPS（1株当たり利益）}{株価}$$

$$PER＝\frac{株価}{EPS（1株当たり利益）}＝\frac{1}{益回り}$$

	A社	B社
EPS①	40円／株	20円／株
株価②	800円／株	400円／株
益回り（①÷②）	5％	5％
PER（②÷①）	20倍	20倍

問題

　企業統治や社会貢献を重視する立場からインデックス運用は批判される。その理由を説明せよ。

　ポートフォリオ理論の理論的帰結である分離定理（無リスク資産と市場ポートフォリオの組み合わせが最適であるという定理）からは、インデックス運用が推奨される。

　一方、SDGs（持続可能な開発目標）、ESG（環境：Environment、社会：Social、ガバナンス：Governance）という面から企業を評価しようとする動きが世界的に拡がっている。SDGs や ESG に熱心な企業に投資する、無関心な企業には投資しないという態度をみせることで、すべての企業が SDGs や ESG を重視するように誘導しようというのが目的である。

　インデックス運用は「市場の全銘柄」に投資する。これは SDGs や ESG を重視しない会社にも投資することを意味する。この運用方法は SDGs や ESG の推進の邪魔になる、というのがインデックス運用に対する批判である。業績による企業選別の面からもインデックス投資信託への批判がある。経営上の問題を抱え業績不振に陥っている企業に対して、投資家は購入・保有を控えることにより株価を引き下げるはずなのに、インデックス運用が大きいと株価を引き下げる効果が薄まってしまう。これでは現経営陣に対して経営改革を迫れない。個人投資家も上場企業に対する銘柄を選抜することで「応援したい企業」「あってほしい企業像」の意見表明になると考えるべきである。

❹ いくら積み立てるのが普通か

> **ケース**
>
> 　個人事業主のZさんは毎月の国民年金保険料の支払い約1万7,000円を負担に感じている。一方で、老後の生活資金として老齢基礎年金だけでは足りないという話も聞いており、不安もある。iDeCo（個人型確定拠出年金）や民間の年金保険の掛金としてどれくらいが適正であるのか、わからないで困っている。Zさんに対して、どのようなアドバイスが考えられるか。

（1）個人事業主の老齢基礎年金だけでは……

　個人事業主の国民年金の保険料は月額約1万7,000円である。20歳から60歳までの40年間納付した場合でも老齢基礎年金の受給額は82万円弱のため、これでは生活できない。一方、給与所得者の場合は、年収によって変わるが、平均標準報酬月額が30万円とすると給与から毎月約2万7,000円が源泉徴収される。その他、事業主負担が同額を納付するため、毎月約5万5,000円支払っていることになる。平均標準報酬額30万円、加入期間を40年とすると老齢基礎年金が82万円弱、老齢厚生年金が約110万円となり、合計で約200万円になる。これで十分かわからないが、自営業者に比べると圧倒的に多い〔図表4-24〕。

　自営業者が月収30万円の給与所得者と同じレベルの年金を手にするためには、当然同じレベルの保険料を負担しなければならない。つまり、追加で月額約3万8,000円の保険料を負担しなければならない。なお、月収20万円の給与所得者でも、事業主負担と合わせて毎月約3万7,000円の保険料を納付している〔図表4-25〕。老齢基礎年金だけでは老後の生活資金に不安が残る。

（2）万一の場合も足りない

　老齢基礎年金は老後の生活資金（老齢給付）だけでなく、遺族のための給付や障害を負った場合の給付もある。特に遺族給付に関しては、自営業者と給与所得者の格差は大きく、自営業者の妻は「子がいないと支給されない」「子がいても、末子が18歳到達年度末日を過ぎると受給できない」などの要件がある。一方、給与所得者の場合は、子どもがいてもいなくても受給できる。すなわち、自営業者の場合は、老後の生活資金のためにも、万一の場合のためにも大きな自助努力が必要なのである。

〔図表4－24〕個人事業主と給与所得者の公的年金額の比較

	個人事業主（国民年金）	給与所得者（厚生年金保険）
保険料	月額　約1万7,000円	給与から約2万7,000円が源泉徴収 事業主負担とあわせて月額で約5万5,000円
年金給付額	老齢基礎年金　82万円弱	昭和30年生まれ 平均標準報酬額30万円／加入期間40年 基礎年金　　　　82万円弱 報酬比例部分　約110万円 　　　　合計　約200万円 その他、要件を満たせば加給年金（扶養家族手当のようなもの）が支給される

〔図表4－25〕2020（令和2）年9月分（10月納付分）からの厚生年金保険料（抜粋）

標準報酬	報酬月額		全額	給与控除
200,000	195,000	～　210,000	36,600	18,300
⋮	⋮		⋮	⋮
300,000	290,000	～　310,000	54,900	27,450

❺ 経営者のライフプランが「より重要になった」理由

問題

　株式会社（未公開企業）の経営者であるXさんにとって、会社経営とは別に個人としてのライフプランの作成が法人融資を受ける面からも重要になった。その理由は何か。

　株式会社（未公開企業）の経営者であるXさんが、しっかりとしたライフプランを作成している場合、法人融資を受けるに際して個人保証を免除される可能性がある。金融庁は「担保・補償に依存しない融資」、事業性評価による融資の推進を方針としている。

　「経営者保証に関するガイドライン」によると、経営者に求められることとして、下記の3点が重要であるとしている。

　①　法人と経営者の資産・経理が明確に区分されている
　②　法人のみの資産・収益力で借金返済が可能と判断し得る
　③　法人から適時適切に財務情報等が提供されている

　上記３点を満たしていれば、金融機関は経営者保証を求めないことや既存の保証契約の解除などを検討することとなっている。この３点は「個人保証を解除する」という問題だけではなく、会社すなわち社長の信用全部に関係する。「区分されていない」例として「事業資金として借りたお金」で自宅を購入・増築したり、子どもの教育資金に充当したりすることが挙げられる。会社の資金を個人の生活資金に流用しないで済むように、しっかりとした個人のライフプランが必要になる。

語句索引